甘肃非物质文化遗产
融入高等教育的模式研究

徐恒　著

北　京
冶 金 工 业 出 版 社
2023

内 容 简 介

本书为2019年甘肃省哲学社会科学规划项目的研究成果之一。该书共8章，第1章绪论，第2章甘肃省高校非遗研培项目，第3章高校美术课程资源融入非遗研培系统的途径，第4章高校与非遗的联动关系，第5章甘肃省高等教育融入非遗路径探索，第6章甘肃省非遗资源的活态保护，第7章甘肃省非遗文化资源的多维发展，第8章总结及展望。本书在理论研究的基础上，采集并实践了大量的教学相关案例，具有可读性和应用性。

本书可供高等学校美术、教育等相关专业教学参考，也可供非物质文化遗产研究人员及研培人员阅读。

图书在版编目(CIP)数据

甘肃非物质文化遗产融入高等教育的模式研究/徐恒著.—北京：冶金工业出版社，2023.8

ISBN 978-7-5024-9579-4

Ⅰ.①甘… Ⅱ.①徐… Ⅲ.①非物质文化遗产—关系—高等教育—教育研究—甘肃 Ⅳ.①G127.42 ②G649.21

中国国家版本馆CIP数据核字(2023)第136915号

甘肃非物质文化遗产融入高等教育的模式研究

出版发行 冶金工业出版社 **电　话** (010)64027926
地　址 北京市东城区嵩祝院北巷39号 **邮　编** 100009
网　址 www.mip1953.com **电子信箱** service@mip1953.com

责任编辑 王　双 美术编辑 吕欣童 版式设计 郑小利
责任校对 李欣雨 责任印制 禹　蕊
北京建宏印刷有限公司印刷
2023年8月第1版，2023年8月第1次印刷
710mm×1000mm 1/16；9印张；170千字；130页
定价75.00元

投稿电话 (010)64027932 投稿信箱 tougao@cnmip.com.cn
营销中心电话 (010)64044283
冶金工业出版社天猫旗舰店 yjgycbs.tmall.com
(本书如有印装质量问题，本社营销中心负责退换)

前　言

甘肃因特殊的地理位置及丰富的文化资源，保存和传承了以敦煌、丝绸之路为代表的多种珍贵文化遗产，甘肃也成为古丝绸之路上重要的经济和文化交流集聚地。基于近年来国家的政策导向及国家关于“全面复兴中华优秀传统文化”的战略部署，因此传统文化的保护与发展已成为一项重要的国策，甘肃文化也愈加凸显其重要的战略价值及文化意义。非物质文化遗产和传统手工艺作为中华优秀传统文化的重要组成部分，也迎来了重大的发展机遇。

本书深入分析高校在文化遗产的传承发展中应担当的重要角色和作用。利用各高校的教学科研平台，运用体系化的教学、教育手段，参与非遗传承人的培养和学习，将非物质文化遗产（以下简称非遗）融入甘肃省高校及高等教育全因素模式中，对提升高校的教师队伍建设、现代化治理体系、社会服务、国际交流、办学环境等起到积极的影响和作用。本书共8章，分别包括第1章绪论，第2章甘肃省高校非遗研培项目，第3章高校美术课程资源融入非遗研培系统的途径，第4章高校与非遗的联动关系，第5章甘肃省高等教育融入非遗路径探索，第6章甘肃省非遗资源的活态保护，第7章甘肃省非遗文化资源的多维发展，第8章总结及展望。

作者在西北民族大学工作至今，致力于非遗及专业学科研究，本书总结了近些年来参与高校非遗工作经验和研究感悟。在本书的出版过程中，牛乐教授、张丽丽副教授、王茜副教授、董菲菲副教授等人提供了相关素材及指导帮助，教师田多元和研究生郑琳等人参与了材料整理和书稿的修改工作，在此表示衷心的感谢。本书介绍的研究成果是在2019年甘肃省哲学社会科学规划项目（项目号：19YB085）、

2021年度西北民族大学中央高校基本科研项目《非遗美术资源铸牢中华民族共同意识教育中的探索研究》(项目号：31920210151) 和2022年甘肃省人文社会科学项目《铸牢中华民族共同体意识下甘肃省非遗文化活态传承与经济协同发展研究》(项目号：22zc07) 资助及支持下完成的。本书的出版获得西北民族大学绘画专业国家一流本科专业建设经费资助，在此表示由衷的感谢。

由于作者水平有限，书中不足之处，恳请读者批评指正。

作　者

2023年3月

目　录

1 绪　　论

1.1 本书编写背景

非物质文化遗产（以下简称非遗），是我国各民族、各区域劳动者世代相传且与人民生活紧密相关联的，也是集各种传统文化于一体的文化表现方式。非遗代表了中华文明众多瑰宝的璀璨明珠之一，它是文化多样性和文化创造力的集合，延续着中华民族的文化脉络，承载着各个历史时期的记忆。我国是一个历史悠久的文明古国，有着丰富且宝贵的非遗资源。自 2005 年以来，我国加强对非遗的保护，并逐步形成了较为完善的非遗保护体系，建立了从中央到地方的分级保护制度。随着新时代经济全球化和现代化进程的提速，我国文化生态环境早已不再是原来的土壤，为适应当下全球文化大环境的改变也逐步发生着变化。传统的非遗传承也受到了多元文化发展的强烈冲击，一部分还单纯依靠口传心授的方式传承的非遗项目正在不知不觉中消亡。许多精湛且唯一的传统非遗工艺技艺濒临失传，还有许多极为珍贵的非遗实物与资料内容丢失或者遭到破坏损毁。非遗保护与传承的工作还面临着许多问题悬而未决，因此当务之急是要加强非物质文化遗产的保护和传承。这不仅是一个国家一个民族历史发展的必然抉择，同时也是人类文明社会的进程与可持续发展的唯一选择。

甘肃位于我国的西北地区，是古代丝绸之路东端的黄金要道，其特殊地理位置沟通着内地与中亚、西亚、欧洲等地，在经济、文化、政治、交往等方面发挥着不可替代的作用。新时代下，在国家建设战略方针中的“新世纪丝绸之路”经济带战略构想目标中，甘肃地区处于重要的文化战略输出位置。因此，甘肃区域的建设与发展能够起到影响国家实施建设“新世纪丝绸之路”经济战略构想及目标的作用。古代的甘肃作为丝绸之路重要的桥梁，历史的痕迹深深扎根于此。华夏文明、多民族、多文化大省的美誉也集于甘肃一身，而具有的标志性称号也可以在几个方面展现出来：（1）甘肃省集合了各种华夏文明的发祥与启辰，华夏文明发祥地秦安大地湾文化、天水伏羲文化、陇东地区的周文化、临洮的仰韶文化、清水的轩辕文化、西河的秦文化等各种文明汇聚于此，这也充分证明了甘肃省文化优势和特征。（2）甘肃也属于东西方民族文化的交融汇集地区，自古以来甘肃地区便是多民族聚居汇入的区域。据《史记》记载，甘肃境内有氐羌、西戎、月氏、乌孙、匈奴、鲜卑、回鹘、西夏、女真、蒙古等十多个古代少数民族。他们都拥有自身独特的民族文化传统，而这些少数民族文化与汉族文明的交融与发展创造了甘肃省民族多样性与文化多元化的共同繁荣。（3）如今还生活在甘肃境内的少数民族依旧众多，以回族、藏族、东乡族、裕固族、保安族、蒙古族、哈萨克族、土族、撒拉族等为代表。而众多少数民族中甘肃省拥有了全国唯一生存在这片土地上的 3 个少数民族，分别是东乡族、裕固族、保安族。由此可见，虽然甘肃境内的少数民族占比总人口数只有 10%左右，但由于历史原因和地域因素使得民族文化魅力凸显、独具特色。各民族的独有文化与非物质文化内容储量十分丰富。同时，甘肃作为我国民族文化大省，既拥有古代少数民族文化品类，也拥有当下甘肃境内的十多个少数民族的独特文化类别。而放眼甘肃非物质文化遗产项目，少数民族文化为代表的非遗项目占据一半，这也代表了甘肃少数民族智慧与文明的结晶。其中一些少数民族非物质文化遗产已受到国家的高度重视，分别进入第一、第二、第三、第四批国家非物质文化遗产保护名录行列。甘肃牵头申报的遗产项目在联合国教科文组织非物质文化遗产项目中也有入列[1]。但是总体来看，甘肃少数民族非物质文化遗产的保护还很不尽如人意，尤其表现在当前社会随着现代化与全球化进程的融合，各民族传统的文化都不同程度地遭遇到流行文化的冲击破坏及侵蚀，面临着消失消亡的趋势。这凸显出了民族文化传承保护脆弱性的一面。美国文化人类学家本迪尼克曾说：“生活随着现代化与全球化进程的推进诸多原汁原味的文化已经发生改变并逐步消失[2]。”当下的文化艺术工作者应该思考以什么方式使得各民族优秀的传统文化、优秀的非物质文化遗产能在当代高速发展的现代化背景下持续而有力地保存下去。如何保护好甘肃少数民族非物质文化遗产并使之代代相传，让人类后代见识到中华民族辉煌的文化内核，是我们面临的重要任务。而且为了更好地保护甘肃少数民族非物质文化遗产，分类保护是重要的措施与手段，根据不同类型的非遗采取不同的保护措施，这样的保护更有可行性。在国家政策的支持下，2014年由文化部委托，文化部、教育部正式启动中国非物质文化遗产传承人群研修研习培训计划，同年在甘肃省文化厅政策引领下，甘肃省西北民族大学美术学院及成人教育学院联合承办甘肃省非遗研培项目，培训内容包括版画、剪纸艺术、陶艺、木刻木雕艺术、砖雕艺术等各门类的甘肃非遗项目，其终极目的也是为弘扬中华优秀传统文化，推进非物质文化遗产的传承，特别是推动非遗进校园和非遗研培传承教学，通过甘肃省非物质文化遗产融入高等教育的模式，增强研究非遗的传承及发展作用。同时近几年的研培计划项目也很好地诠释了地方高校参与非遗传承，以及高等院校教育教学应如何纳入非遗文化项目，从而为国内相关研究部门及专家提供了宝贵经验。

1.2 内容、目的及意义

内容：解读甘肃非遗艺术的发展，特别是相关文献的研究。整理甘肃非遗的基础生存状况、文化内涵和项目类型特点。对甘肃省非遗艺术的发展历史与现状和前景、存在的危机及潜力进行剖析。对非遗艺术构成、形式规律、制作流程进行拷贝整理，记录非遗艺术的生存状态。并且利用与高校的合作参与作为我国传统文化保护与传承的优势平台，特别是拥有相关专业与学科优势的高等艺术院校，启用高校资源更好地承担起培训非物质文化遗产传承人的责任。

目的及意义：以理论研究带动实践创新，以甘肃省非物质文化遗产融入高等教育的模式研究为目的，推动新丝绸之路非遗事业，提升内在机制上驱动创新能力和传播活力，使活态保护与静态保护有效结合，最大限度地激发濒临消亡的传统文化焕发生机，提升传统手工艺的生命力，开拓传统文化发展性保护的特色示范，为非遗文化资源的传承与发展创造良好条件。现阶段甘肃省特有的非物质遗产文化艺术演变史及历史文献和研究资料有限，需要通过非遗的视角观察并且应用适合学科研究西部民族迁移史、文化交流史、中外文化比较等，并勾勒出甘肃非遗手工艺艺术的传承、变革和发展。从中找到能够维持非遗发展的核心点，为能够更好地延续和继承非遗夯实基础。

研究团队旨在以科学发展观为指导，全面贯彻党的二十大精神，深度融入“一带一路”倡议，以甘肃省非物质文化遗产建设为前提，以学术研究为基础，以文化遗产保护为重点，以弘扬丝绸之路非遗文化为核心，让文化创意、体制创新和科技进步成为非遗发展的助推力，积极响应国家战略目标构建甘肃省丝绸之路非遗文化大平台，发挥其在华夏文明传承创新区建设中的示范引领和辐射带动作用，实现丝路非遗文化的现代复兴。

鉴于以上所述，以甘肃省为非遗文化艺术研究的区域背景，且以丝路文化和传统文化为课题的研究脉络，将地方高等教育与非遗文化艺术的发展史及甘肃省传统文化的传承相结合将具有地域特色的传统文化与新时代背景下的大环境进行发展融合，应用教育全局化研究模式，探索传统与现代相结合兼收并蓄的有效机制，为甘肃省传统文化资源的保护与开发提出理论上的探索与指引，为甘肃文化资源的开发提供新方向，为文化产业的提升与繁荣提供新亮点，为地方文化创意产业发展提供新思路。

2 甘肃省高校非遗研培项目

中国非遗的传统技艺源远流长，种类繁多，技艺精湛，文化内涵极为丰富，其影响遍及社会方方面面。甘肃传统非遗工艺项目在艺术层面中不管是图案还是色彩的搭配，都充分体现了甘肃省各少数民族的审美情趣。在非遗研培课程中着重选取了具有代表性的甘肃省非遗项目及品类。以下介绍具有鲜明特色的非遗项目。

2.1 唐　卡

唐卡于2006年被确定为中国首批国家非物质文化遗产。作为一种艺术表现形式，唐卡代表着藏族绘画的高度，唐卡艺术涉及宗教、文化、政治等诸多方面，它以视觉图像为载体，唤起宗教文化对我们的内心冲击，成为中华民族优秀的传统文化之一。唐卡艺术以宗教题材为主导，同时体现了各民族、各宗教流派相互交融的特点，并且充分融合本民族独有的艺术趣味，其表现形式具有绚丽丰富、内容广泛等特点。唐卡艺术内容上包含各流派的本尊、菩萨、金刚神等宗教神代表，同时也包含了经变故事或本生故事等传记题材的内容，其展现艺术形式丰富且涉及面宽泛。唐卡艺术作为藏族地区民众用于崇信、祈福的艺术品，携带便利，也可用于晒佛大型相关宗教活动，实现了宗教性、教化性、艺术性、生活性的和谐统一。

甘肃省甘南地区作为藏族人民聚居区之一，拥有藏传佛教中重要的代表寺院拉卜楞寺，其浓郁的藏族传统文化和深厚的宗教氛围，孕育了甘南藏族地区唐卡艺术的发展。甘南地区藏族唐卡形制多数以竖条长幅为主进行创作，唐卡的绘制大多在羊皮和棉布上，画幅大小根据绘制的形式及故事内容进行选取，其长短不一。画幅尺寸上较大的有几十平方米，小的不足手掌大小。甘南唐卡制品种类较为繁多，主要分为三种类别：绘制唐卡、织物唐卡和印刷唐卡等，而分属的原则是根据制作方法和用材的差异性进行归类，甘南唐卡形式、内容题材涉类广且丰富。其中，内容形式涉及宗教文化内容、著名藏族佛教历史人物、藏族医学知识及理论、高原风光景色、花卉和动物等多个方面。甘南唐卡的制作工艺比较复杂，过程一般包括备料、绘制、进行装裱、完成开光等环节。唐卡绘制中用料十分考究，尤其是在绘制唐卡中应用的专属矿物颜料，其颜料特性属于纯天然矿物和植物颜料，如银粉、金粉、雄黄、朱砂等。在甘肃甘南境内的唐卡艺术作品颜色的组成以5种基本色组成，分别是：黄、蓝、红、绿、白。从这可以看出，唐卡的绘制与调色基本遵循在五色中相取的规律。在手艺人的眼里同一色系的不同颜色就是把两种或两种以上的颜色按不同的比例进行混合再进行绘制，看似简单的色彩种类通过艺术家的双手便形成丰富的色彩变化。因此，唐卡艺术品中的五种基本色也是藏族地区日常生活偏爱的色彩及颜色，在甘南藏族自治州藏族人民的生活中比较偏爱黄、蓝、红、绿、白等颜色，而这五种颜色也代表不同的寓意。

（1）黄色：黄色象征大地，也象征富贵与荣耀，寓意不仅包括土地富足，还包括宗教身份和地位内容，所以黄色的使用代表其阶级的位置。

（2）蓝色：代表天空的色彩，在宗教内容中，蓝色的意义有神明、护法的意思，也是藏族人民生活中期盼生活吉祥与富足安康。

（3）红色：象征太阳和火，给人们带来了希望与光明，保佑国家、种族、家庭世代繁荣。

（4）绿色：代表水和植物，取其寓意生命力的成长，藏族人民最喜欢的颜色之一，希望畜牧草原能生机勃勃地生长。

（5）白色：代表白云，是胜利的象征，因早期藏族内部的战争与斗争，所以白色能够为藏族同胞带来和平与安详。

甘南藏族唐卡的绘画技艺受嘎玛贡画派影响较深，因此甘南地区唐卡的色彩相对其他地区的藏族唐卡颜色较为柔和。为了保持唐卡的原真性和完整性，唐卡艺术非遗传承人除了传承唐卡工艺技艺以外，必须学到唐卡的内在精神内核。当代甘南唐卡艺术的传承大致可以分为3种类型：

（1）以拉卜楞寺院为中心的传承体系，这一体系的传承人大多以僧侣画师为主，也有少许曾经有过出家经历的画师，人数虽然不多，但是有明确且清晰的传承关系。他们创作的唐卡作品内容十分注重宗教仪轨，作品中也受制于相对封闭的传承系统而有幸保存了唐卡艺术的许多原始基因特点，其艺术风格与宗教文化内涵对甘南藏区唐卡艺术的发展构成了深刻的影响。

（2）以青海热贡唐卡为源头的传承体系，传承人大多为近代由青海热贡迁居到甘南地区的画师家族、游艺画师或者曾经长期在热贡地区学习的各地画师。

（3）近些年，来自由康区、西藏的唐卡画师组成的游艺画师群体，他们绘制唐卡的技艺娴熟，风格多样化，但是有比较浓厚的商业趣味。

甘南地区唐卡艺术的形成与甘南地区历史上复杂的藏传佛教源流与特殊的地缘文化特性有关。从地理位置来看，甘南处于整个藏文化区的边缘地带，属于多个民族文化圈的交汇处，因此其文化场域受汉藏边界多民族文化的影响较重。同时，近古时期多源流的教派传承又进一步使甘南地区的藏传佛教文化形成了多元化的特质，这种复杂的文化特质同样影响了甘南地区唐卡艺术的内涵，在此，原生于西藏和康藏地区的唐卡流派所传承的文化基因被冲淡，进而形成了极具地域文化特点的特殊传承体系。从唐卡风格和技艺的传承来看，甘南唐卡的风格是持续发展和多变的，稳定的、体系化的传承内容比较少，在造像度量、技术、风格层面大量沿用了其他藏区唐卡艺术的传统，其最重要的特点在于多流派、多体系、多画风的杂糅影响，而核心内容则由于宗教文化的制约保留了许多较传统的宗教认知内容，这种特殊的传承体系既成就了其地域性特点，也较好地维持了唐卡作为宗教法物——艺术品的二元特征。甘南地区唐卡绘画如图 2-1 所示。

图 2-1 甘南地区唐卡绘画

2.2 刺 绣

刺绣又名“针绣”，俗称“绣花”，即按照设计的花样，用绣针穿引彩线（丝、绒、线），在织物上（丝绸、布巾）上运针刺缀，以绣迹构成纹样或文字。甘肃地区的刺绣主要分 3 大类：藏族刺绣、洮绣艺术、哈萨克族刺绣艺术。

2.2.1 藏族刺绣

藏族刺绣包括藏族编织、挑花刺绣工艺，是国家级非物质文化遗产之一。藏族编织、挑花刺绣工艺是千百年来嘉绒藏族为适应当地特殊地理环境和气候条件，充分利用当地资源，在不断创新和吸纳汉族挑花刺绣工艺的基础上，形成具有浓郁民族特色和鲜明地域特色的传统工艺。据丹巴县罕额依新石器时代文化遗址中发现的“骨质纺轮”证明，早在距今4500年以前的新石器时代，嘉绒地区的纺织技艺就已经发达。在之后的历史发展中，嘉绒藏族先民一方面依靠当地丰富的藏山羊畜牧资源和剑麻作物资源及编织工艺，加工生产具有嘉绒地区特色的毛、麻织品；另一方面，加强与内地的交往，并通过交换方式获得各种与生活相关的棉织品。2011年5月23日，藏族编织、挑花刺绣工艺经中华人民共和国国务院批准列入第三批国家级非物质文化遗产名录[1]。2018年5月15日，藏族编织、挑花刺绣工艺入选第一批国家传统工艺振兴目录。

藏族的织绣工艺大致可以分为编织和挑花刺绣两大类。在此两大类下，又可分为若干小类。其中编织类根据原材料的不同，又可分为毛编织类、麻编织类、棉织类三个小类[1]。在三个小类中，毛编织和麻编织均需经过纺线、编织两道工序，毛编织类主要编制毡。

挑花刺绣类大体可分为挑花类和刺绣类。挑花又叫撇花，主要在棉布上施技。在撇针过程中，要根据布面上的经纬线数纱使针。其要诀为“挑里看面”。最大的特点是双面成图，且不见线头线尾的结头疙瘩。在刺绣类中，又可分为扎绣、钮绣、勾绣、骑针绣、十字绣、堆贴绣、盘金绣和插针绣等8种技法。在一件成品中，有的仅使用一种技法，多数成品往往集多种刺绣技法为一体。挑花刺绣多在棉、绒布和绸缎、麻布面料上进行。嘉绒藏族挑花刺绣时，除细布和绸类面料需用绷子作辅助工具外，其余面料均随手进行，无须辅助工具。以上述8种技法中，盘金法具有民族和地域特色，在川西，乃至整个藏区具有唯一性。

嘉绒藏族织绣工艺将传统编织工艺与挑花刺绣工艺融为一体，自成一个相辅相成的完整体系。就编织工艺而言，毛、麻、布编织应有尽有；就挑花刺绣工艺而言，技法多样。其图案，多为现实生活中的自然花草、动物等，也有藏族传统的吉祥八宝、大鹏、拥忠等象征符号。不同的绣技有单独绣成的织品，如盘金绣和插针绣，其绣品显得富丽华贵，挑花细腻精巧。多种绣技混合绣成的织品，既古朴典雅，又妙趣横生，绚烂夺目。

由于地理气候的不尽相同，藏区人民的编织工艺在不同的区域，所表现出的技艺风格也各不相同。但作为必需的生活用品，编织工艺的用料主要还是以本地所产的牛羊毛为主。编织技巧也非常普及。在日常生活中，藏区人民用牛毛编织口袋，编织格调厚重的氅具，编织装饰色彩浓艳，纹样单纯，具有鲜明的藏族文化特色。

2.2.2 洮绣艺术

洮绣艺术是甘肃省临潭地区民间刺绣。据《临潭县志》《洮州民俗大观》记载，其可考历史距今600多年。历史的积淀使洮绣既有各民族的文化基因传承，并且经历了原始的孕育期到发展转型期及成熟期。洮绣艺术代表了农耕文化与游牧文化、江淮文化和古洮州文化结合共生共进的典型特征，具有浓厚的乡土气息和地方特色。甘肃临潭地区的汉族、回族、藏族姑娘从小就要学刺绣（俗称扎花儿），制作流程中的基本功中首先是画好花样子，然后做成剪纸，贴在绣花的地方。而表现的纹样中汉族偏好虫鱼鸟兽、戏曲人物、蔬果花草；回族多为植物花纹、几何图案等；藏族则常取各色花卉、云字万字等。

洮绣的艺术特点具有以下几个方面：（1）表现形式上具有题材广泛多样、构图饱满、造型夸张、线条简练、色彩鲜明的艺术特征。（2）制作工艺中主要针法有平针、参针、挑针、长短针、空实针等；绣法有错针绣、网地绣、锁地绣等。(3) 洮绣的式样有剁花、盘花、贴花、拼花等。具备上述特征在艺术制作中不同对象用不同针法，不同纹样有不同绣法，不同材料施以不同的式样及色彩搭配。在刺绣的部位上各民族情况不同：汉族多在幼童帽子、围裙、肚兜、鞋面及枕顶、针插、荷包等处；回族则多在门帘、炕围、围裙、被单等处；藏族多在库多（马夹）、该拉（腰带）、连巴（长筒布靴）等处。洮绣的创作题材丰富，具体内容有莲生贵子、松鹤延年、金玉满堂、连年有余、鸳鸯戏水、狮子绣球、喜鹊探梅、八宝如意、四时博古等。洮绣艺术折射出临潭人民的艺术审美观、工艺水平和创作才能。艺术作品记忆和记录着洮州民俗的形成、发展历史等，作品内容反映了深厚的洮州民族民间文化内涵[1]。

2.2.3 哈萨克族刺绣艺术

哈萨克族民间刺绣创作是一种富有动感工艺美术品。刺绣题材、内容、色彩都与牧民生活、文化息息相关。它历史悠久，随着长期的民族文化交融，以及社会生产力的发展与科技的进步，哈萨克族刺绣艺术逐步提高。

哈萨克族刺绣工艺种类很多，比如花毡子、服装、挂毯、各种小花帽、毡房陈设等。在传统的手工刺绣工艺制作中，第一步是先用盐和奶混合调汁，然后在黑、红、紫三色的绒布或白布衬底上，勾勒出草木花卉、飞禽走兽、抽象纹饰及刺绣者的种种独特想象，之后用匠人自制的五彩毛线，沿草图设计或勾、或挑、或刺、或缝，精心绣制而成。而绣花毡的工艺流程则更复杂烦琐，除了在薄毛毡上用钩针和彩线按绘制好的图案直接刺绣外，还常用各色布头剪出各种花纹，然后以彩色粗线镶边，缝绣在素色毛毡上；或把毛毡剪成各种纹饰，然后染色、缝绣拼接、缀连成片。复杂的工艺流程必然呈现出不一样的表现水平，再用这种原料制作成的服装、鞋靴、被褥、壁毯美观大方色彩美丽炫目。在装饰效果上尤其是以日月星辰、花草云水等形象装饰出的手工制品图案更是颜色浓郁，对比鲜明。时代的发展和进步，哈萨克族刺绣也在借鉴其他民族刺绣作品，借鉴之余所呈现出的技法更加多样，图案更为精致，取材也更丰富[1]。哈萨克族刺绣如图2-2所示。

图 2-2　哈萨克族刺绣

2.3 洮　砚

洮砚，全称为洮河绿石砚。与广东端砚、安徽歙砚、山西澄泥砚齐名，并称“中国四大名砚”。

洮河绿石产于我国甘肃南部，洮河中游的卓尼、岷县、临潭三县交界的喇嘛崖一带的河谷中，砚石以绿色为主，石料又濒临洮水，故名“洮河绿石砚”，简称“洮砚”。洮砚艺术品以其色彩“雅”绿，如玉般润莹，书写中发墨快而不损墨、储墨久而不干涸等特点深受广大文人墨客的喜爱，甚至能够成为中国文房四宝中的翘楚，馈赠亲友的上品，古玩库存中的奇物。洮砚历史悠久，据地方志记载，其始刻于唐，盛行于宋，距今已有1300多年的历史，清朝乾隆年间钦定的《四库全书》中，将其列为国宝。历代文人、学者、书画家对洮砚赋铭咏诗，赞叹不已。唐代大书法家柳公权在《论砚》中写道：“蓄砚以青州为第一，绛州次之，后始端、歙、临洮。”北宋著名鉴赏家赵希鹄的《洞天清禄集》云：“除端、歙二石外，惟洮河绿石，北方最贵重，绿如蓝、润如玉，发墨不减端溪下岩，然石在大河深水之底，非人力所致，得之为无价之宝。”黄庭坚赋诗赞云：“久闻岷石鸭头绿，可磨桂溪龙文刀，莫嫌文吏不知武，要试饱霜秋兔毫。”“鸭头绿”从此成为洮砚的代名词。当代文化名流、书画大家赵朴初、启功、舒同、黄胄、沈鹏、欧阳中石、刘炳森、胡絜青等人对洮砚的质地和工艺赞不绝口，纷纷题诗作画，堪称艺坛佳话。

洮砚的雕刻皆为手工制作，主要以透雕和浮雕为主，辅之以线雕圆雕、凸凹雕、镌刻等多种技法的有机结合。透雕也叫镂空雕，是洮砚雕刻技艺中最具特色的一种传统技法，也是与其他砚种在雕刻方面最显著的区别之一，雕刻的图案真实感和立体感极强[3]。

洮砚千姿百态，品种繁多，内容丰富，极具民族风格和地方特色。款式分单砚、双砚两大类。构型有规矩型和自然型两种。图案以龙凤龟兽砚、花鸟虫鱼砚、青铜器古币砚、人物景观砚，以及历史典故砚为代表。今天，洮砚在继承传统技法的基础上大胆创新和发展，式样和形态不断更新变化，在精雕细琢的基础上，每件作品力求精益求精，所制之砚玲珑剔透、古朴典雅、美观实用，能够使洮砚在中国的砚石中形成自己独特且系统的艺术风格，具有极高的艺术和收藏价值。

由于洮砚产于我国西北部的偏远山区，山大沟深、交通不便、地区经济及文化教育的不发达，因此其知名度受到很大影响，不及端砚、歙砚的盛誉。新中国成立后，尤其是改革开放以来，党和国家加大了对传统文化艺术的重视和保护，拓宽了国内外市场的流通渠道和交流空间，甘肃洮砚得以迅速发展，产量和质量达到历史高峰，文化艺术得到传播和提高。

2008 年，“洮砚制作技艺”和“洮砚制作传承人”被列入国家级非物质文化遗产保护名录。2010 年“中国洮砚之乡”挂牌。洮砚产业带动了砚乡一带卓尼、岷县、临潭、临洮、定西等周边地区的部分人民走上了脱贫致富之路，也带动了地区经济的发展。总之，经济的繁荣推动了文化的发展，社会的进步迎来了洮砚的辉煌，在改革开放的时代背景下，与时俱进，创新发展。洮砚在祖国日新月异、突飞猛进和文化艺术事业深入发展的今天得到珍惜和保护，弘扬和发展，绽放出更加绚丽的光彩。

洮砚的艺术特点可以概括为以下几点：

(1) 历史价值：洮砚的历史悠久，经历了我国不同时期的历史变迁，承载和沉淀着民间、民俗、民族深厚的文化元素。它作为我国文化中重要的载体之一，为中华文明的发展和延续发挥了不可磨灭的积极作用。

(2) 实用价值：洮砚具有极高的实用价值。作为中国文房四宝之一，它与纸、笔、墨一样，历来是我国文人墨客书写绘画和抒发情感的工具，并与文化艺术共冶一炉，流芳百世。

(3) 经济价值：洮砚的贵重由来已久，金代元好问的诗句中有“县官岁费六百万，才得此砚来临洮”。明代鉴赏家李日华曾咏道：“佳砚一方，千金难易。”历史上，洮砚不仅是朝廷的贡品，还是权贵间馈赠的礼品。当今市场上，优质洮砚比其他砚价格高很多，原因是洮砚的石质优良及资源的稀缺。2001 年，“东方醒狮砚”由中国文房四宝协会及故宫博物院等权威单位评估为 2000 万元，创出了单方砚价格之最，洮砚今后的价格可能也会越来越高。

(4) 文化价值：洮砚是祖国优秀民族文化的组成部分，是劳动人民勤奋与智慧的结晶。它作为传播文化的载体，以砚的形式表现出丰富的文化内涵和地方特色。

(5) 艺术鉴赏价值：洮砚能够陶冶情操。它以精美的雕刻、独特的工艺，给人一种美的享受，具有极高的艺术鉴赏价值。

(6) 收藏价值：洮砚是中国四大名砚之一，是国家级非物质文化遗产，资源稀缺且不可再生，具有极高的收藏价值。

改革开放以来，甘肃省岷县为其洮砚事业发展提供了大量的资金支持和人才培养。1995 年甘肃卓尼县洮砚乡被文化部命名为中国民间艺术洮砚之乡。2006 年卓尼洮砚工艺列为省级非物质文化遗产。多年来岷县地区政府对传统洮砚非遗艺人加强保护，发挥他们传帮带的作用，培训接力非遗人才。据统计目前从事洮砚雕的从业者有 2000 人，每年不断开采砚石 8 万千克，在行业发展的不断开采中，国家也出台了相应的保护政策及规划，例如洮砚宋坑的保护和发展。卓尼县当地开发发展旅游产业，积极完善基础设施建设，修建通往宋坑的道路和完善周边的设施环境，将距今 1300 多年唐代的洮砚石料的采掘地开发修建成为甘肃省历史遗迹旅游景区试点。该项目的建设和完成为国家和地方政府开拓了产业链的循环经济试点，尝试为洮砚产业的发展和运营走出了一条可行之路。响应国家政策也就意味着国家和民族需要重视和提升非遗项目和产业，需要重点培育一批优秀的非遗传承人，在这样的大环境背景下甘肃省洮砚之乡也孕育和产出了一批专业人才。例如，2009 年李茂棣等人被授予国家级第三批非物质传承人，成为迄今洮砚项目唯一入选的正宗传人，在不同程度上影响着如今活跃在洮砚行业中的大多砚工。在李氏家族中，李海平和李江平其水准较高。两兄弟于 2009 年创立甘肃卓尼李氏洮砚研究会，2015 年西北民族大学成立甘肃省非物质文化遗产传承人研培班后，两位优秀的传承人都参加了西北民族大学的非遗研培课程，培训之余的交谈中，兄弟二人也表达出经营洮砚事业的理想，不仅仅简单地致力于传承传统洮砚，更希望把民间工艺推向艺术研究的新高度。从洮砚的历史和现状、演变和发展、开拓与创新的现实中，充分证明了洮砚这一传统的民族工艺具有十分重要的综合价值。甘肃洮砚如图 2-3 所示。

图 2-3 甘肃洮砚

2.4 剪 纸

剪纸艺术历史悠久，种类繁多，极具地域特色，是一种集装饰性与公益性于一体的艺术形式。传统剪纸主要流行于民间，使劳动者在日常生活中，为满足精神需求而创造的产品，不涉及现实因素和经济利益，人们通过在纸上镂空剪裁来传达思绪想法，寄托对未来生活的美好愿望。但剪纸的发展过程也会受到历史因素和社会环境的影响，如新文化运动时期，新型剪纸开始出现，且成为文化的主流的一部分，用以表达现实生活和传播新思想，创作主体由劳动者拓展到手工艺者和美术家剪纸。剪纸在甘肃民族民间美术中占有重要的位置，甘肃庆阳地区剪纸的艺术特征与文化的审美价值与地理环境密不可分。代表了当地民生习俗及文化特色剪纸的制作工艺是非遗文化研究的重点之一，但是剪纸艺术中独特的平面构成关系、美学思想及审美特征，成为高校美术教育中可以借鉴和学习的民间美学元素。

将剪纸艺术应用到产品设计专业的教学实践，能够发挥高校在促进非遗传承中的应有作用，推进传统工艺与现代设计的融合创新。从研究剪纸艺术审美特征出发，结合适宜的教学策略，是实现教学实践成功的必要途径。

当前，以北京故宫文创为代表的成功实践，掀起了文创产业的发展热潮。传统工艺与现代产品的创新融合，是传统工艺美术传承和发展的新路径，现代产品设计民族化特色发展的必由之路。

剪纸艺术来源于生活应用于生活，具有民族性、地方性、实用性；是发展民族文化、打造地方特色的源泉。如今，剪纸艺人的创作更着重于艺术观赏性，作品被收藏者束之高阁，与现代生活逐渐隔离。如何使剪纸艺术更适应于现代生活，进而促进民族文化的传承与发展，高等教育的参与责无旁贷，传承与创新以美好生活为目的的产品设计教学。高等教育参与非遗教学更应该关注、研究这类课题。

剪纸艺术派系众多、风格不同，但总的来说，普遍具有以下几种审美特征：

（1）题材美。剪纸创作通常以生活习俗、劳动场景、神话传说、风景名胜等作为创作题材，是中国传统美好美丽文化的部分。

（2）形式美。剪纸艺术在形式上富含变化与统一，随处可见对比与调和、节奏和韵律等形式美法则的运用。

（3）装饰美。剪纸艺术装饰效果显著，有的剪纸艺人在创作过程中，总结出自己的形式语言，使剪纸作品更具有强烈的装饰性（甘肃剪纸见图 2-4）。

图 2-4　甘肃剪纸

（4）色彩美。剪纸用色艳丽且以纯色为主，并不直接依托物象的真实性，主要凭剪纸艺人的主观理解及艺术创作和兴趣，形成特征鲜明又得到广泛认可的色彩美感。

2.5　砖　　雕

临夏，虽然位于西北地区，但物质生活和精神生活丰富，在西北地区的荒瘠中与简陋和贫穷沾不上边。临夏海拔 2000 米依山傍水，位于甘肃省西南地区接壤青藏高原边缘，这块盆地中气候温和湿润。一年四季，蔬果丰盛、花卉盛开。丰富的物产和良好的生活环境造就了热爱生活的临夏人民，民俗在风情淳厚中隐藏着彪悍与精明。临夏自古就是通商重镇之一，是商户集中聚集的地方，良好的物质生活条件及通商环境在整个甘青宁地区都屈指可数。临夏人对生活有自己的追求和质量，他们生活的院落并不像山西地区类似的深宅高墙大院，但也绝不是简单贫寒之屋。临夏人的住房结构主要以砖木为主，传统院落中规规矩矩并且井井有条，所以可以看出临夏人民的生活理念及生活乐趣虽淳朴但充实。砖雕作为一种民间艺术形式，诞生在临夏这个特殊的地方，所以对于临夏地区有一种特殊的存在价值及意义。到过临夏的人在欣赏砖雕艺术时，不难发现无论是拱北砖雕、清真寺建筑上的砖雕，还是公园民居住所的建筑，都能留下较为深刻的印象。临夏的砖雕几乎是覆盖了各种形式的建筑房屋装饰，不但作为建筑实物起到了加固实用功能，而且成为美化建筑的优质选择。多年的积累和世世代代的学习生产使得临夏人骨子里喜爱砖雕艺术，不仅用它装饰建筑，也创作非遗艺术作品，甚至加工成微雕作为工艺品在家摆放欣赏，也作为礼品馈赠亲朋好友。俯瞰祖国大地能够用砖雕装饰建筑并不鲜见，更何况达到如此规模的应用，并且在现代社会中仍能把砖雕当成雅俗共赏的艺术品去对待的确令人佩服尊重，在临夏居住久了的人，都会对砖雕艺术品习以为常，但总是在不经意间瞥上几眼。

砖雕的制作是在需要特殊制作的青砖上雕刻完成，而特制的青砖是最古老和基本的建筑材料。和木材相比，青砖不是天造地就的材料，而是凝聚了人类文明最初智慧和技术手段的人工造物，砖雕作品从选材到构思和创作，处处体现出传统的中国文化观念。砖雕的制作过程，金木水火土相生相克的五行观念也被发挥得淋漓尽致，而其材质本身又蕴含着来自远古的文化积淀以及中正和谐之美[4]。

临夏砖雕的艺术创作表现中没有无聊的道德说教观念，也没有复杂的人物故事情节，主题和命题创作中流露出一种现实而又质朴的生活观念。从工艺特点上看，临夏砖雕既保留了传统木雕的巧妙雕工，又传达出一种独特的金石韵味，十足的装饰趣味中又蕴含着传统文人书画的雅趣。从艺术品位上去感受，临夏砖雕传达出这样一种文化气息：富丽而不烦琐，宏博而不拘谨，生动而不庸俗，巧妙但不造作，充满平和与庄重之感。

从艺术家的角度来欣赏，临夏砖雕作品像西方美术史中那些文艺复兴时期的雕塑一样具有强烈的立体感和体积感，所表现的形象生动且不呆板，在风和日丽的晴空中尤其是光线充足的照射下，体积感阴影效果尤为精彩。砖雕是传神的艺术作品。薄暮中看砖雕，砖雕是肃穆的，充满文化与历史悠悠情怀。微雨中看砖雕，绵薄的雨露滋养下的砖雕作品是含蓄的表现，如烟雨山河般的润气雅致与清新。砖雕之于临夏是一种欣赏习惯，也是一种生活方式，更是一种精神象征。无怪乎有人说，临夏是一座盛开在青砖上的城市。

临夏砖雕是成熟与活态的艺术："临夏地区的砖雕艺术，形态质朴但绝不古拙和粗陋，处处体现出纯熟的技巧与旺盛的创造力。"在国内众多的砖雕流派中，除了不常表现的人物题材以外，临夏砖雕艺人的手工艺水准声名远播，其独特的艺术性也有口皆碑。

众所周知，由于历史的局限性，传统的临夏砖雕遗迹遭到了破坏损毁，现今能够保存的清代作品屈指可数。但是如果我们瞻仰这些较早期的作品，再看看民国及以后的作品，比较难得的是临夏砖雕在近代取得的长足进步，其技术和文化内涵一直处于持续的发展之中，并且具有越来越广泛的文化内容和更为纯熟的艺术技巧，也许这就是临夏砖雕不拘于传统藩篱的一大优势[4]。今天的临夏砖雕人才辈出、有成熟的自成体系的创作方法与技术体系，也已经发展为成熟的艺术形式。民间艺术形式的成熟主要取决于其可持续发展性，临夏砖雕在这点上证明了它可持续的发展能力，本身所具的创作传统已经完成了可持续发展的内因。

临夏砖雕具有如下几个艺术特点：

（1）临夏砖雕艺术是生活化的，造型是生动鲜活的，其所体现出的是一种内敛而温和的生活态度，在艺术气息上与媚俗的晚清遗风与抽象烦琐的伊斯兰装饰风格拉开了一定的距离，并且从题材上逐步走出单一的民俗文化内容而扩展到更为广阔的表现领域。此外，临夏砖雕是现实主义的，尽管其内容充满着宗教文化与传统民俗文化的隐晦寓意，但是本身却超越了象征主义的手法，而体现出更多的现实感。

（2）从形式上来讲，临夏砖雕是集成了诗、书、画、印为一体的综合性艺术，是汉地文人绘画传统与伊斯兰装饰形式的结合。临夏砖雕对于朴拙而深沉的文韵表现得含蓄而有分寸，即便是精雕细刻的微雕作品也传达出一种大气与内敛相生的意蕴，这种文化底蕴一扫一些地区砖雕流派中盛行的匠俗之气。从造型艺术手法上来讲，临夏砖雕是写实的，这点在近代的创作中表现尤为突出。近代的临夏砖雕，在技术上逐步突破了传统砖雕及木雕艺术的影响，在造型手法上积极吸收了当代视觉艺术的成果，发展出独特的造型意蕴。与崇尚意象表达的中国视觉艺术传统相比，临夏砖雕是实实在在的造型艺术，其充实的视觉张力创造性地拓展了民间雕刻的艺术表现力。

（3）规模化的生产与创作是临夏砖雕的另一优势。临夏砖雕的创作具备模件化生产的条件与规模化的创作群体，并且在实践中不断改造生产工艺，扩展表现领域。从产品范围上看临夏砖雕涉及民居、宗教建筑。雕刻能力可以完成大型组合雕刻，在建筑装饰尤其是大型建筑雕刻的设计和制作，无论是尺寸、规模，还是产能和质量，在当代国内同行业中都是佼佼者。

甘肃临夏砖雕制作如图 2-5 所示。

图 2-5 甘肃临夏砖雕制作

临夏砖雕在其他地区的砖雕艺术逐渐走向没落时反而开辟了新的发展活力，这确实值得大家去研究和关注[4]。研究过程中运用观察法，以砖雕为例，用独特的视角全方位地观察甘肃非遗发展过去、现在及未来变化的轨迹。它可以是在较长的一段时间里，对某一研究对象进行有意识的追踪，收集相关资料，揭示趋势的研究方法。也可以是具体观察一些影像、图片通过仔细比对的方法分析总结，也可以是一件非遗产品，通过对产品的质地、雕刻工艺、设计手法进行研究等。

临夏砖雕的具体图案设计是根据业主的要求，结合设计师的思路，依据一定的宗教和民俗规范进行的。砖雕图案的来源既有传统雕刻传承的粉本，也根据需要进行随机的设计，当代的砖雕艺人设计图样素材比较广泛，绘画作品、摄影作品、网络图片都是其素材来源。临夏砖雕艺人除了擅长精美的单体雕刻作品外，也善于设计建造以砖雕为主要装饰形式的户外大型建筑，大型建筑砖雕的设计需要根据建筑物的风格、布局、环境等情况统筹进行，设计师需要较好的建筑学知识和古建施工的经验。甘肃临夏大型建筑砖雕如图 2-6 所示。

刻活是临夏砖雕的精华，是最能体现砖雕艺术魅力的工艺，临夏砖雕的雕刻技法主要有阴线刻、凹面线刻、凸面线刻、浅浮雕、高浮雕、镂空式透雕等种类。

一般的砖雕刻活分为以下步骤：

（1）找正。即磨平砖面，由于砖雕作品是由多块方砖拼接而成，故需要保证砖的各面相互垂直，并处理拼接砖面之间的缝隙在一个水平面上。

（2）渡稿。将已设计好的印稿用复写法和钢针刺印等方法过稿到砖面上，此外在深入阶段，亦用铅笔在刻好的大样上画出细部，以便进行深入刻画。

（3）雕刻。雕刻分打坯、粗雕、出细三步。打坯，即在过好图案的砖面上根据需要凿出轮廓、设置空白区域，以及基本的高低层位布局。粗雕，即概括性地雕出基本的造型和立体感觉。出细，即在雕出的立体画面上进一步加以雕琢，

图 2-6 甘肃临夏大型建筑砖雕

进行细部处理，这个步骤决定了丰富精彩的细节表现。

（4）修补。即对雕刻过程中残损的部分进行修正，并且处理过大的砂眼。据记载，临夏砖雕使用模铸法的先驱是砖雕大师绽成元。近年来，随着古建文化和建筑砖雕在西部地区的重新盛行，用模铸法生产的水泥仿制砖雕有了较大的发展，相比手工砖雕，模铸法的优越性在于成本低，便于大批量模块化的生产。模铸砖雕还是需要用传统手法刻出模型，然后翻制模具，进行批量生产。不同于早期的水泥材质仿砖雕，经过工艺上的改进，现在的砖雕已采用高分子树脂材料，用硅胶模具翻制，生产效率和产品质量大大提高并获得了多项国家专利。而现代的砖雕手艺则有以下几个步骤：

（1）捏活。捏活即用黏土手工塑造捏制，或者用好的木质印模在半干的黏土上印压出各种图案和立体造型，然后入窑烧制而成。捏活主要制作的是瓦当、屋脊兽，以及模块化的其他装饰造型。

（2）微雕。微型砖雕工艺是临夏砖雕在吸收木雕、牙雕、玉雕工艺的基础上形成的新工艺品种，需要极高的工艺水准。微型砖雕是独立的雕刻作品，适合作为独立的陈设观赏艺术品。

（3）安装。大型砖雕作品的安装也是砖雕艺人的一种特殊技艺，属于传统砖雕技术的组成部分，砖雕安装分组合型和单体型两种安装方式。

组合型砖雕指较大面积的拼接砖雕，这种砖雕具有建筑构件的作用，应随建筑物边砌筑边安装，这样可使砖雕与建筑物形成一个整体，增强其结构强度。制作时，均在每块砖雕的背面开槽，用金属构件固定于孔内，然后压砌于墙体中，校正后用调灰膏加固。单体型砖雕指镶嵌在墙内作为装饰的砖雕作品，包括透雕或镂空砖雕，常为独立作品，一般都凸出墙外，高差较大，这类砖雕的安装，需要在墙面预留金属挂件，类似于干挂件的施工，这种砖雕可以挪动，如有损坏，方便更换。

2.6 庆阳香包

2.6.1 历史源流

香包在我国古典文学名著《诗经》的一些篇章里已有描写，早在3000年前就有了香包的存在。到战国时期以至秦、汉、晋，男女都有佩戴香包的习俗，到晋代以后香包逐渐成为女人、儿童的专用品。进入了唐宋时期，香囊成了仕女、美人的专用品。而男人或官吏们则开始佩戴荷包。走入清代，香包的功能也慢慢转变成为馈赠佳品，特别是男女以此作为馈赠的恋爱信物。今天香包失去了很多以前的功能性，是承载传统文化的有效载体，在人际交往、陶冶情操、怡情养性等方面起着不可替代的作用。

2.6.2 文化习俗

祛邪祈福，是香包文化中永恒的命题之一。而香包的象征性、隐喻性则是香包的鲜明艺术特色。庆阳香包的图案和造型非常考究，具有丰富的意蕴：老虎狮子象征勇猛威武，祛除邪恶保平安；双鱼、双蝶、蛟龙等象征两性相爱、交合、生育；莲花、荷花、牡丹、梅花等寓意女性的坚贞甜美；用登梅的喜鹊、采花的蜜蜂隐喻男性；借葫芦、石榴多籽，盼望多子多福；借花生、大枣、桂圆、莲子之名，取其谐音，寓早（枣）生贵（桂）子；送给老人长寿的“耄耋童趣”，以小动物猫、蝴蝶戏牡丹组合图案，寓意老年生活富有情趣；送给小孩的“福寿娃娃”，以憨态可爱的小孩为主体，周围环绕蝙蝠、桃子组图，盼望孩子健康平安。戴香包颇有讲究。老年人为了健体防病一般喜欢戴刺有梅花、菊花、桃子、苹果、荷花、娃娃骑鱼、娃娃抱公鸡、双莲并蒂等形状的图案，而图案的象征性表现在鸟语花香，万事如意，夫妻恩爱，家庭和睦。小孩们喜欢的图案有飞禽走兽如老虎、豹子、猴子、斗鸡赶兔等。青年人戴香包最为讲究，如果是情人，那姑娘很早就要精心制作别致寓意的香包，赶节日到来前送给自己的情人。

庆阳香包大体有五种类型：

（1）头戴型：主要供孩子们头上佩戴，常用彩色布和彩线做成虎头、猫头、兔头及各种动物头型帽，端午节戴上以祛邪护身。

（2）肩卧型：一般以猛虎雄狮为图样，绣成头大身小、有爪无腿的老虎、狮子，缝在孩子们肩上，以祛邪恶。

（3）胸挂型：胸挂型样式繁多，内容庞杂。一般用双股彩线把香包连起来，挂在胸前衣扣上，少则一两个，多则八九个，内容常为吉祥如意的动植物，表达妇女们盼福求安，五谷丰登的心愿。

（4）背负型：主要为“五毒背心”。刺绣具有毒汁的蛇、蝎、蜥蜴、蜘蛛、蜈蚣五种小动物的图样，缝在孩子们上衣的衣背上。这些小动物本是有毒的，端午这天却要穿在身上，表达了古人“以毒攻毒”的哲学观念和护身心愿。

（5）脚蹬型：多为飞禽走兽头型的图样，如虎头鞋、猫头鞋、蝴蝶鞋等，这种香包左右鞋双双对称，古以左为阳右为阴，寓古哲学阴阳平衡之理，取避邪护身、成双成对、并蹄腾飞之义。

传统庆阳香包图样大致分为：

（1）天地阴阳图样：日为阳、月为阴，上为阳、下为阴，男为阳、女为阴。如古代官服上绣海水朝阳图案，象征百姓期盼国君清明，官员清康。富贵吉祥、一生吉祥富贵是人们朴素的愿望。如香包中的大吉图，只绣一只大公鸡，寓意大吉，还有香包由四个在心形状的包上面绣上四季花，中间一个贯钱，寓四季发财之意。多福多寿图样。如“福禄寿”香包，绣蝙蝠代表福，鹿宫意禄，再绣寿字，象征宫贵长寿之意。

（2）爱情繁衍图样：“鱼儿钻莲”“凤凰戏牡丹”等香包中龙凤、牡丹、莲花、鱼儿等寓意爱情。绣一只喜鹊站梅花枝头，象征喜上眉梢。又如香包“老鼠啃葡萄”等中绣鼠、葡萄、葫芦都寓意多子。甘肃庆阳香包如图 2-7 所示。

图 2-7 甘肃庆阳香包

庆阳香包的用料相对简单，一布、一针、一线加一珠。布料的选择多以丝绸或彩布为主，线架主要是五颜六色的彩线填充。

2.6.3 工艺特色

庆阳香包是一种体积感立体感与平面刺绣兼容的民族民间工艺制品，构型质朴方正，按制作技艺分类有四大类别：“绌绌”类、线盘类、立体刺绣类、平面刺绣类。

(1)“绌绌”又名藏针绣，其特点是把针线藏起来，以造型状物，其工艺流程包括创意、选料、剪裁、状物等环节。

(2) 线盘类香包是用各色线条盘成五角菱形的“粽子”，其技艺包括折壳子、配色线、盘线成型、成果（即将线盘成品连缀，吊上彩穗）等。

(3) 立体刺绣类香包内容庞杂，形式繁多，有单面挂、佩件，双面挂、佩件，立体挂件和摆件等近 400 种样式，其制作过程分构图、刺绣、彩染、缝合、成果等环节，有过样子、打样子、扩背子、上样子、绣花、状物、成果、打扮等工艺步骤，制品讲究神似而不求形似。

(4) 平面刺绣类香包风格敦厚凝重，厚实中流露出隽永，其制作有破线绣、合线绣及齐针、辫针、掺针、抢针、挽针、盘金、点金、圈金等方法。

2.6.4 艺术特色

庆阳香包以其古拙质朴、富有原始文化遗存和手法奇特而区别于国内其他香包，其显著特点有：

(1) 原始生态文化味浓。庆阳位于黄河流域，是华夏民族最早繁衍生息的地方，远古文化积淀深厚，很少受外来文化的影响。地方民间工艺刺绣中大量蕴藏着人类童年期的多神崇拜和以“龙蛇虎鹿”等为图猎的原始文化痕迹，很多香包中渗透着巫神文化和古代阴阳平衡的哲学观念。如用绿布卷成盘蛇，再扎上几个梅花，便是龙的化身。它是龙蛇崇拜和以龙蛇为图腾的原生态文化在地方民间刺绣中的遗存。

(2) 表现手法奇异多样。庆阳香包刺绣手法多变，不讲透视，不求比例；不讲形象，只求神似；夸张变形，突出头身。各种动物香包，或大头小身、有头无尾，或有头无足、有头有身无腿，或身长蹄短，以爪代服等。如肩头狮虎，一般头比身大，有爪无腿，既不是真实形象又不合形体比例，完全由刺绣艺人随艺术思考刺就。庆阳妇女对生活、对环境，观察相当熟稔。她们把身边最常见的、最丰富的素材，比如花卉树木、虫鱼鸟兽、日月风云，比如楼台亭榭、几何图案，以及人物，都作为自己绣制的范畴。

2.7 木　　雕

木雕是卓尼县独特的一种手工技艺，最初的木雕作品多为佛雕，藏式建筑中也大量运用浮雕、透雕等木雕传统工艺。卓尼木雕历史悠久可以追溯到元朝年间，根据《藏经》记载，萨迦法王以稀有蛇心檀木雕刻的释迦站像一尊赠献萨迦寺（卓尼禅定寺）作为奠基纪念，此为卓尼木雕的开始。卓尼木雕艺术继承了传统的木雕艺术风格，但在造型艺术及雕刻技术上又有新的发展和创新。卓尼木雕取材于本地优质紫、白檀木及柏木和桦木等优质材料。在木雕的构思和设计上取材料的颜色、发挥技术以自然形态因材施艺，木雕的主题中有浓郁的民族风格也有少数民间古典传说等。卓尼木雕不受尺度的约束，但有比较严格的定例，即在佛像雕刻中是按活佛地位的高低而布置大小尺寸的。卓尼木雕工艺水准颇高形象刻画逼真，人物肖像生动，在佛像雕刻中的法器灵动，具有极强的立体视觉效果。卓尼木雕艺术题材主要以藏传佛教格鲁派和民间传统为主题，雕刻中大量应用加入汉族图案形成了藏汉艺术相融合的手法。木雕技艺主要用来雕刻各种佛像、经版（活字经版、护身符等）、各种房间装饰工艺品[1]。卓尼木雕如图 2-8 所示。

图 2-8　卓尼木雕

2.8　永靖古建筑

“白塔的木匠，五屯的画匠”，这是一句在永靖当地流传很广的谚语。河州白塔木匠的木雕艺术源远流长，人才辈出，自西晋修建黄河“天下第一桥”开始，至今已有 1700 年的历史，主要流传在永靖白塔川。

白塔木匠手艺高超，在民间流传着一个非常动人的故事。相传木匠始祖鲁班在炳灵寺开凿石窟、雕刻佛像、修天桥、造佛阁，功成之后驾云东去，途中不慎将一把斧子丢于黄河岸边的白塔寺川。自此白塔寺川名匠辈出，而且个个技艺精湛、声名远扬。元、明以来，中原的封建统治者对边疆各民族多采用怀柔、羁縻政策，使这里宗教繁荣，大修寺院之风也随之兴起。同时，西北民族杂居，战争不断，战争中各种建筑破坏严重，往往出现建了毁、毁了建的现象。故此白塔木匠的修建从未间断过，这也在客观上使之摆脱了“营造法式”的束缚，能够尽情发挥艺术想象，修建了官式、藏式、回式、回汉结合式、藏汉结合式等风格奇特的建筑形式，并在此基础上有了自己独特的风格。白塔木雕历史悠久，范围广，数量多，种类齐全，遍及甘、青、宁、藏、川的佛教寺院以及清真寺内。改革开放以来，经白塔木匠之手建造的古典建筑遍布西北大地，有敦煌大佛阁、月牙泉月牙阁、兰州“四库全书”文溯阁、天水伏羲庙先天殿等。白塔木雕技艺精湛、构建巧妙，创造了如“凤凰展翅”“点落地”“天罗伞”等独特的构建方式，在整个古建筑中具有无可替代的地位。白塔木匠高超的建筑技艺，是历代工匠集体智慧的结晶，尤其是他们创造的藏汉结合、回汉结合的古典建筑造型，不仅丰富了中华民族的建筑形式，而且所包含的人文内涵和艺术成就，具有其他建筑形式所无法取代的特殊价值[1]。

3　高校美术课程资源融入非遗研培系统的途径

如何重新认识美术课程资源对非遗系统的重要性。高校美术课程资源进入非遗，互相进行转化及优化的过程，是从潜在美术课程资源进入非遗课程资源系统的一次转化，同时也是非遗资源进入美术系统课程的再次转化。从而为研培项目对非遗进入美术课程资源系统成为一条可能的路径提出建议。

3.1　初探非遗资源对美术课程系统的重要性

3.1.1　高校非遗研培课程中蕴含的美术课程要素和资源

从美术课程资源系统要素视角看非遗，需要首先把“非遗”拆解出来（即“非遗”资源包含了哪些可以纳入高等教育美术课程的资源要素，如美术知识资源要素、课程资源要素或美术课程人才及人力资源要素等）。根据联合国教科文组织对非遗的分类定义将其与美术课程资源系统要素产生联系存在一定难度。联合国教科文组织对非遗的分类划分为：（1）口头传说和表述，包括作为非物质文化遗产媒介的语言；（2）表演艺术；（3）社会风俗、利益、节庆；（4）有关自然界和宇宙的知识和实践；（5）传统的手工艺技能等五个方面。2008 年由王文章主编出版的《非物质文化遗产概论》在上述非遗的分类基础上，又做了进一步修正和调整，把非遗划分为 13 类：（1）语言（民族语言、方言等）；（2）民间文学；（3）传统音乐；（4）传统舞蹈；（5）传统戏剧；（6）曲艺；（7）杂技；（8）传统武术、体育与竞技；（9）传统美术、工艺美术；（10）传统手工技艺及其他工艺技术；（11）传统医学和药学；（12）民俗；（13）文化空间。目前以这样的维度概括非遗的分类方法并分解和研究显得不够细致和严谨，将高校研培美术课程资源与非遗转化，通过这种分类方式将美术课程资源系统进入非遗课程发挥作用而言还不足以解决问题。如果要把美术课程资源与非遗资源系统转化，则需要把非遗进行更加细致的分类[5]。

3.1.1.1　非遗蕴含的高校美术课程思想资源

如前所述，美术课程思想资源要素是指一切有可能参与课程活动之中，影响美术课程活动的各类人员所具有的全部思想观念。非遗加载了丰富的思想、道德、观念、信仰等元素。而对于高校美术课程资源要素而言，须按照美术课程思想资源分类要素将非遗引入高校美术教程。

A 高校美术课程中非遗的思想资源

非遗思想资源指高校美术课程参与非遗研培课程中所有人员所具有利于美术课程发展的“思想资源”。非遗内容中包含了思想道德修养、观念意识信仰、价值认同感等，在与美术课程产生发展时并没有直接互联的关系。但非遗研培中美术课程资源起到了使非遗通过美术教育的方式达到普及知识、扩展影响、增进理解等作用，进而逐步实现了美术教育功能和文化传承功能。另外，以非遗传承为目的的美术课程，需要教授人员和专业相关人员对非遗所包含的思想、道德、观念、文化、信仰和价值认同等有较为专业和深度理解，只有这样才可能促进美术课程研培计划的设计与实施开展活动。在高校研培计划中美术教师及从业者可以吸收非遗研究的成果内容，尤其是非遗保护与传承的研究成果，使其内容积极影响研培美术课程的运作。在学习补充了解非遗保护与传承领域中的最新进展，能够及时提高跟进教师对非遗美术教育传承的知识内容与认识水平，改进更新学科知识中美术教育传承非遗方面的缺陷，提高非遗知识作为美术课程内容的课程运作效率，使高校美术课程资源系统更为高效和顺畅地进入非遗研培。比如，人们对洮砚、木雕等这种非遗产物的审美研究和价值探讨，对非遗研培的认识作出更适当的引导。作者参与非遗高校美术研培计划，并制定课程参与把美术基础课程内容引入洮砚、砖雕等研培的案例教学，案例中教师设计了让学生在课堂上体验基础美术专业课程活动，课程实践中大部分学生积极学习美术专业基础课程内容，如素描、泥塑、构图等课程。而课程结束后教师点评作业时，并没有引导学生加载非遗承载的审美趣味和文化品位。主要使研培受训学员能够体验高校美术基础课程的学习内容及学习过程，因此设计教学活动的时候，就更应该侧重引导学员对美术基础内容与非遗的文化内涵和审美情趣产生的关联上理解。其次，非遗领域研究的最新成果，可以为美术教研人员和美术课程管理人员所用，帮助其对以非遗传承为目的的美术课程作出更客观的认知与学习建议，进而提高研培课程内容的质量与品质。不同非遗专业中包含的思想、道德、观念与信仰及价值认同等内容丰富多样，而且各有侧重。随着非遗研究的持续深入开展，将会有更多的美术课程资源被挖掘，这帮助非遗得以更好地生存并在现代情境下发展生存。高校非遗课堂如图3-1所示。

B 非遗美术课程内容中的思想资源

美术课程内容思想资源由几个层次组成，其中包括的思想资源内容有：美术思想、美学思想、美术观念和美学观念，有哲学思想、政治思想、社会思想等。非遗中蕴藏着丰富的美术课程内容思想资源，但是不同学科及专业门类需根据美术课程内容思想资源进行分析。在第一批国家级非遗保护名录中，就有民间美术和传统手工技艺这两项非常接近美术学科的内容。我国非遗民间美术和非遗传统

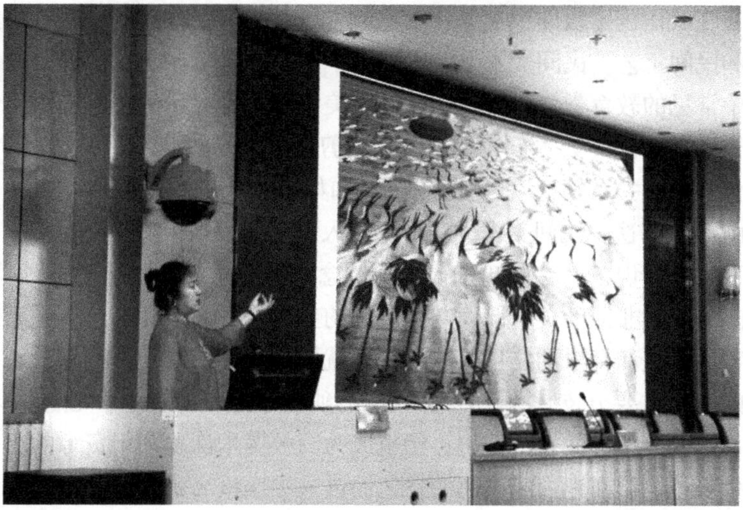

图 3-1 高校非遗课堂

手工技艺中包含着大量鲜活生动的美术思想、美学思想、美术观念和美学观念。这些都是非遗的美术课程内容思想资源。此外，大部分非遗都会体现出地域文化、群体文化的社会思想，如藏族唐卡就有本民族人对自然的认识和观点。藏族是一个以畜牧、农耕为生，并主要生活在高原地区的古老民族。这个民族的生存与其环境有着密切的联系，形成了藏族人民对自然生态的尊重和保护意识。藏族同胞尊重自然，并且追求与自然和谐共处的价值观念。这些观念符合并成为有价值的美术课程内容的思想资源。非遗蕴含着思想和价值观念资源与美术课程内容思想资源联系起来，也能够成为高校美术课程内容的思想资源[6]。

3.1.1.2 非遗蕴含的美术课程知识资源

高校美术课程知识资源要素的主体是美术知识，其次是美术课程扩展的知识内容，其中包括：民俗学、历史学、文学知识、地理常识，以及帮助教师提高课程教学效率的心理学知识、艺术哲学等。非遗是祖先们流传下来的文化遗产，凝结着许许多多的知识内容包括美术知识的主体内容。但是对于美术课程知识资源要素而言，这些非遗中的知识要想满足美术课程的需要并服务于美术课程，必须有自己的知识路径和选择的过程[7]。

A 美术知识成为非遗高校课程知识资源的途径

美术知识是美术课程知识资源的主体，这部分美术课程知识资源经过转化很有可能成为美术课程的内容，同时成为美术课程资源系统中的主要构成，也是学生美术学习的重要组成部分。在研培课程中许多非遗项目都直接或间接地包含着各种美术知识，而非遗也需要从不同类别和特征出发，进一步挖掘出不同的美术知识，最后进入美术课程知识资源的范畴。

首先，在我国国家级非遗名录中，直接与美术学科密切联系的项目有两大类：民间美术和民间工艺。民间美术是美术学科中一个非常重要的组成部分之一，也是美术教育中常见的教育教学科目内容。民间美术蕴含着大量的美术知识，包括美术领域中的事实性知识（如木板年画、唐卡、剪纸、刺绣等）、概念性知识（如民间美术中的色彩搭配关系等）、程序性知识（如如何创作一幅剪纸作品、如何制作一张木板年画等）非遗中民间美术类项目要进入美术课程知识资源时，就可把其分解出具体的事实性知识、概念性知识等知识概念。经过归纳和整理的各种美术知识，就成为民间美术类非遗的美术课程知识资源的主体。其次，许多传统手工技艺类非遗由于独特的技艺和精湛的技巧，往往会造就风格独特的民间工艺品。工艺美术是代表美术的一个重要分支体系，不仅展现出独特且超群的技艺，也蕴含着大量美术、美学、工艺知识，而这些知识自然也成为高校美术课程知识资源的组成部分之一。传统手工技艺类非遗由于高超的技艺而进入国家级名录，这些技艺知识超出了普通高校美术教育的传承能力范围，对于部分技艺要求相对较低的工艺类非遗，可以经过适当调整降低难度的方法，来满足美术课程知识资源的要求。如：剪纸、木雕等技艺制作；这类非遗技艺制作很容易融入高校美术专业课程范围。尤其是专业美术院校能够更好地服务和传承非遗技艺，将美术学习活动的难度进行适度与专业的调整，达到学生能够接受的范围。经过这样的转化，高校的学生不但能够在美术课程中接触到复杂的工艺，还能通过基本的操作体验到美术课程的乐趣与意义。可以适当选择技艺知识的基础部分进入美术课程知识资源，同时把这些工艺美术的美学知识也纳入美术课程知识资源之中。

传统（民间）舞蹈和传统（民间）戏剧类非遗，是以视听为主的艺术类别，但其中也蕴含着不少美术知识，这些美术知识也可以成为美术课程知识资源。如：少数民族在表演本民族的舞蹈时，会穿着各色各样的民族服饰，这种造型元素及民间舞蹈表演时的各种视觉造型元素，可以被美术课程教育收纳学习。学习分解这些非遗民间舞蹈所包含的美术知识元素，包括民族服装、造型表现、民族乐器的造型知识、民族舞蹈舞姿美术元素的人物动态表现知识等。传统非遗戏剧也是高校课程中借鉴学习的专业门类。戏剧艺术综合了文学、音乐、舞蹈、绘画、雕塑、杂技、武术等元素，舞台表演讲究唱、念（念白）、做（身段、表情）、打（武打、舞蹈），具有很强的程式性与技术性。非遗传统戏剧里面就有不少视觉美术知识可以成为美术课程知识资源，包括脸谱造型和色彩搭配知识、舞台道具的设计制作知识、服装造型和设计知识、人物身段、姿势和动态的造型知识等。此外杂技与竞技类非遗也具有很高的视觉观赏性，许多杂技融合了大量美学元素，使表演呈现更多的美感。

3.1.1.3 非遗蕴含的美术课程经验资源

美术课程经验资源指美术教育中教师、学生、管理者、研究者等人员的经验、体验、经历、阅历等个人经验的总和。因此以非遗传承为目的的高校美术课程经验资源，就涉及高校美术教育中教师、学生、管理者、研究者等人员对各种非遗的体验、经历、阅历等个人经验。以传承为目的的非遗美术课程资源转化应该扎根本土，从对本土非遗项目进行学习，向其他地域文化背景下的非遗学习拓展。非遗的一大特征是其活态性，也就说明各地区的非遗目前仍然存活在当地，因此当地的学生和教师对本区域的非遗都不会陌生。本土的非遗天然成为教师和学生有利的经验资源。从非遗保护的需求出发，把非遗项目做了分类。但是归根到底这些非遗都体现着当地群体的共同文化认同和价值取向。如：汉族的节日“春节”，或傣族传统文化景观“孔雀舞”等，因此，这些体验和经验都能够成为高校美术课程经验资源的组成部分。

3.1.2 非遗研培对美术课程的意义

3.1.2.1 高校美术课程改革的需求

随着时代的发展新思潮、新观念、现代主义等思想从各个方面影响着高校课程改革与课程研究的发展。高校美术课程研究在这样的背景下一定会受到视觉文化、多元文化观、后现代课程观等思想和观念的影响。美术课程资源作为高校美术课程研究范畴的内容，在探讨以“非遗”传承为目的的高校美术课程转化问题上应更需要积极关注这些领域的问题。关注多元文化、族群关系、原住民、地域文化背景与教育调查等问题，非遗的多元文化观视角自然会成为备受关注的问题。所以关注“非遗”是高校美术课程研究中不容忽视的新方向和目标。高校美术课程参与非遗的活动，可以由美术课程资源系统的研究将非遗引入高校美术课程。非遗作为高校美术课程资源进入美术课程在很大程度上顺应了时代的需求、教育改革和发展的要求。非遗课堂教学成果展示如图 3-2 所示。

图 3-2 非遗课堂教学成果展示

A 非遗资源引入高校美术课程符合课程性质的要求

国家教育部颁布的《义务教育阶段美术课程标准》关于美术课程的性质部分明确地指出，“美术课程追求人文性。学生在美术学习中学会欣赏和尊重不同时代和文化的美术作品，关注生活中的美术现象，涵养人文精神”，这表现出了美术课程改革对文化的理解与关注。2000 年左右，我国已经着手酝酿美术课程改革，美术课程改革对当地文化资源已经表现出极大的兴趣，其次美术课程长期以来一直对民间美术颇有关注，随着国家对非遗研究持续关注，相关的地域文化资源持续升温，所以美术课程对非遗逐步增温。随着对非遗研究日趋深入和系统化，国家对非遗的认识升华且取得新的突破和进展，这些都直接或间接影响着美术教育的研究。近些年，非遗研究一直都受到美术界的高度关注，并已经积累了深厚的研究基础。高校非遗研培使得许多非遗的研讨会和论文成果集中展现出来，美术界学者们也发出自己的声音探讨非遗。美术界的各种关注焦点逐步进入了高校美术非遗研培教育和实践者的研究视野。目前非遗研究现阶段还是起步期，对许多问题的讨论尚未达成共识，具体体现在美术教育研究在涉及非遗的问题时，更多从教育者的视角出发对美术教育进行讨论，而忽视对非遗内在的思考。从研究的全面性出发不能仅从单一的视角来探讨，势必影响问题研究的推进，需从两个研究领域的问题开展进行。鉴于美术课程的特殊性，美术课程的性质强调对文化的认识与理解，这也决定了应充分重视对非遗研究的关注。非遗对高校美术课程改革强调对当地文化资源的关注，这种基调也更显现出非遗需要得到更多的重视。

B 非遗引入高校美术课程资源系统有助于建立文化情境的环境

美术是人类文化的一个重要组成部分，与社会生活的方方面面有着千丝万缕的联系，因此美术学习绝不仅仅是一种单纯的技能技巧的训练，而应视为一种文化学习。美术学习让学生能够体会人的情感、态度、价值观等存在的差异性与人类社会的丰富性，并在一种广泛的人文情境中，认识美术的独特特征、特殊的美术表现多样性、和美术对人类社会生活的贡献。同时，通过学习美术，学生培养了对祖国优秀传统文化的热爱，对世界多元文化的包容、尊重、理解、学习。要使高校美术学习进入非遗文化的高度，就必须将高校美术教育与美术课程更多地与当地社会、生活联系起来。把非遗作为一种活态的文化，存在于学生的生活之中，并连接着学生所处的现代社会。将其作为课程资源引入高校美术课程，这也有利于建立美术课程与学生生活的关联。在联合国教科文组织的统计数据显示，我国是世界上非遗入选项目最多的国家。我国的每个地方几乎都有属于自己当地特色的非遗项目。对于高校美术教育而言，非遗是需要积极接触，和获得吸取的文化资源。将非遗引入之高校美术教育，这种业态文化更容易被学生理解和接受。高校教师们在利用非遗这种文化资源时，往往能够与当地学生产生共鸣，对激发学习兴趣与增强学习动机具有特殊的效果。学生对非遗文化有深度的接触、了解与认识，才能懂得这些文化的价值意义，也能够慢慢形成对文化的理解。学会这种对文化的理解并推而广之，学生才可能真正理解和学习世界多元文化的价值与重要性，并对不同的文化产生敬畏之情。非遗是高校学生接触、学习、了解和认识我国文化与世界文化的“敲门砖”。从这个意义上看，将非遗引入高校美术课程，不但可以丰富美术课程资源的容量，还能开阔美术教育的视角，满足美术课程改革与发展的需要[8]。

C 非遗的综合性与全面性特点为高校美术课程创造更多的探索空间

综合性学习是世界教育发展的一个新趋势，是高校美术课程应该慢慢学会具有这样的特征，非遗高校研培课程中也包含了基础教育课程改革突破的一个难点。全球化的今天，美术教育早已受到世界各种社会思潮和科技成果的冲击，我国早期且固有的美术框架很难支撑现在的教育大环境，大胆地尝试与其他艺术、学科、哲学、文化等进行交流和对话，能够显现出综合与全面的新视角新特点。教育部发布的《基础教育课程改革纲要（试行)》中，高校基础教育课程改革的具体目标指出：“改革课程结构过于强调学科本位，门类过多和缺乏整合的现状，并设置综合课程以适合不同地区和学生的需要，体现课程结构的均衡性、综合性和选择性。”因此 2001 年进行的美术课程改革制定小组决定采取学科综合方式，设置“综合探索”这一全新的学习领域。“综合探索”的设置，旨在从跨学科的角度，弥补分科课程的不足之处，更有效地运用各种课程资源，促进学生综合解决问题能力的发展，充分发挥美术教育在素质教育中的作用。我们看“综合探索”学习领域的设置，也基本顺应了世界教育发展的趋势，积极反映出美术教育在当代社会中的一种综合化趋势。非遗是一个包括多种文化特征的复杂内容总和，当非遗作为课程资源进入高校美术教育，将充分扩大美术学科与其他学科的维度空间。将非遗引入高校美术课程，更有助于“综合探索”的领域活动内容，积极引导学生进行综合性和全面性学习探究，培养学生的综合思维和全面能力。

D 非遗的丰富性有助于扩充高校美术课程资源系统

非遗的丰富性体现在两个方面：（1）我国是非遗项目最多的国家，非遗的类型广泛、内涵丰富；（2）我国历史悠久、民族众多、文化独特的文明古国，每片地域几乎都有包含自己独特的非遗项目。将非遗引入高校美术课程资源系统，可以更为广阔地吸纳民间美术和传统手工技艺类型以外的美术课程资源，这也将充分扩大美术课程资源的容量。遍布全国各地的非遗文化项目，转化成为当地高校开展美术课程教学活动的文化背景，使美术课程资源系统逐步变大变宽增加接纳“非遗”的机会。将非遗引入高校美术课程资源系统的实践，不但更好地传承与发展了传统文化，还能更好地扩充壮大高校美术课程资源系统的容量。

E 非遗的活态性有利于建立高校美术课程经验资源要素

非遗作为活态文化存在于现实生活之中，有着深刻的社会文化烙印，也在各个层面渗透着当地人们的生活观念，因此人们对生活中的活态文化有着丰富的经验。当非遗进入高校美术课程资源系统时，能很容易地开启师与生、教与学的记忆与经验，使高校美术课程在师生之间迅速建立联系。将非遗引入高校美术课程资源系统，也可以在实践中逐步挖掘出最难得的经验资源。丰富和鲜活的非遗项目与高校建立的有效机制会逐步引起学生的关注，对激发学生的学习兴趣、增强学生的学习动机具有特殊的效果。如西北地区民间流传广泛的剪纸艺术，就是学生参与并且能够掌握的鲜活非遗项目。随着普及和互动生活的增加，非遗使学生学习生活产生亲切感和趣味性。把剪纸等多种非遗艺术纳入美术课程资源系统，可以使美术课程更快地进入情境之中，有助于美术教育的顺利实施。

3.1.2.2 非遗研究为美术课程资源系统提供有力支持

A 国内非遗研究机构的有力支持

随着高校非遗研培的成功实施和取得进展，国家对非遗的研究越来越重视，研究队伍日益壮大。全国各地各高校纷纷成立非物质文化遗产研究中心，如中山大学中国非物质文化遗产研究中心、浙江大学非物质文化遗产研究中心、北华大学非物质文化遗产（满语言文化）研究所、西北民族大学非物质文化遗产研究中心等。各种各样的非物质文化遗产网站或网站栏目、专题也涌现出来，如中国非物质文化遗产网、各省市非物质文化网、人民网的非物质文化遗产保护专题等。关于非遗的普查和申报、论坛会议、宣传展览、编撰出版等活动现象也层出不穷，博物馆、图书馆、出版界的参与让非遗的保护事业进行得有声有色。

B 非遗的研究学术氛围活跃

我国首部系统研究介绍非物质文化遗产的专著——《非物质文化遗产概论》从什么是非遗、非遗的价值等方面对非遗的定义、价值、意义、分类、保护的现状与发展、保护的方式与原则、历史经验和国外经验的借鉴做了论述和梳理[9]。该书从基础理论到实践探讨两个方面，回答了当前非遗保护中的重要问题，为非遗的后续研究（包括教育传承研究）做出了坚实的铺垫。此外，还有不少相关的论文集或刊物，如：由陶立璠、樱井龙彦主编的《非物质文化遗产学论集》[10]；由浙江师范大学省非物质文化遗产基地编成的《非物质文化遗产研究·集刊》：由戴伟、李良品和丁世忠等共同主编的《乌江流域非物质文化遗产研究》[11]；中山大学中国非物质文化遗产研究中心主编的《文化遗产》（季刊）等。这些论文集进一步促进了非物质文化遗产理论研究的深入和非物质文化遗产保护实践的开展，从理论研究、个案研究和田野调查等角度探讨了当前非遗保护的热点问题，并涉及了非遗的教育传承问题。

3.2 从非遗潜在美术课程资源进入高校美术教学课程资源

3.2.1 分析潜在非遗美术课程资源蕴含的美术教学价值元素

非遗这种潜在的美术课程资源要成为高校美术课程资源首先要经过初步的筛选，让非遗满足高校美术课程资源的准入条件。

3.2.1.1 非遗成为美术课程资源的准入条件

A 独特的地域文化特色

地域性是非遗的显著特征之一。能够成为美术课程资源最好选择是具有当地地域特色鲜明的非遗项目。比如：剪纸在我国大江南北都流行着，但是每片区域或者地域都有自身的独特性。各个地方的“剪纸”活动也融合了当地人文、历史等因素，在造型、内容、手艺、故事情节等都有别于其他地方。高校美术课程资源的开发和利用，是通过具体的美术课程实施操作来一步步实现的。而美术课程的实施必须在具体的情景下实践操作进行的。所以要把地域特点鲜明的非遗项目发展成为高校美术课程资源，并得到开发和利用。也需要考虑非遗的地域性特征。在不同的地区、不同的学校开发以非遗传承为目的的美术课程资源，应首先考虑当地的非遗专业及项目。如果需要开发不同区域或地域的非遗资源元素，则需要理解跨地区非遗项目与大学生生活经验的联系以避免非遗价值内涵的误读。

B 具有实际教学可操作性

非遗要成为高校美术课程资源进入美术课程时，需要考虑到地方高校美术课程的制约性和实际操作性，所以选择可操作性较强和容易获得的项目是开展课程的关键，也是非遗美术课程得以实施的重要前提和保障。结合自身具体的教学条件，非遗成为高校美术课程资源需要满足必要的可操作性与实践教学活动，包含以下两个方面：

(1) 如何保障课程教学时间是高校非遗美术课程面临的现实问题。现阶段受学校教育的制约性，美术课程的时间比较有限。因而非遗要成为美术课程资源适合高校美术课程必然要突破有限的教育实践限制要求。高校现阶段各专业中美术课程有限的教学时间，只能单一地要求教师选择某一非物质文化遗产项目作为学习内容，必须考虑内容的容量、范围等因素。现阶段术课程资源的开发和利用，采用单元学习的形式来实施美术课程。非遗要成为高校美术课程资源，势必要在美术课程的设计上进行一定的突破，课程设计的连续性和梯度性也要跟上，让有限的时间统整起来，使以非遗传承为目的的美术课程资源开发和利用能够具有较高的可实际操作性。

(2) 非遗课程的选择性。各地区地域丰富的非遗资源要成为美术课程教学内容并且要进入美术课程具有一定的选择性。非遗项目内容虽丰富，但并不是都适合进入高校的美术课程。美术课受本体制约的条件有许多，选择视觉图像或容易上手的专业能成为美术课程实施的重要载体和内容，因此在高校美术课程实施的过程中，必须围绕一定的选择性和条件建立基本立足点。

C 非遗美术教育符合当代大学生心理特点

高等教育得以顺利实施的前提条件之一，就是充分考虑到教育内容应适合学生心智成长过程中不同阶段的理解承受力。随着时代的进步，我国正在进行美术新课程改革，在改革中教材的更替也是基础变化之一，诞生出了一批新颖的美术教材，其内容的选择和教材的编写都有了一定的变化，这种变化中比较充分地考虑到学生的身心发展变化和需要，同时新教材的内容也表现出了知识的连续性和循序渐进的特点。非遗要成为高校美术课程资源进入高校美术课程，必须考虑到不同年龄段、不同阶段学生的认知发展程度，以及学习过程的延续性和关联性的问题。以非遗传承为目的的高校美术课程资源开发、转化和利用，需要考虑大学生年龄阶段学生心理接受能力的表现，对不同的美术课程资源进行必要的筛选和组合，有时甚至适当放弃某些方面的内容。不同阶段高校学生的学习内容一定要符合客观认知规律及内容，增强学习的连续性和循序渐进性。

D 非遗研培适合高校美术专业任课教师自身条件及特点

教师是美术课程资源开发和利用的主体，把非遗转化为美术课程资源进入美术课程，就要寻求到适合任课教师自身条件的契合点。如“唐卡”课程，参与非遗课题的美术老师们主要以藏族教师为主，并结合自身特点，围绕本民族地域文化挖掘出不少美术课程资源。又如剪纸文化，有的美术教师本身就对民间美术有较浓厚的兴趣并具有一定学科研究，他们在教授课程内容时就以当地文化特征作为美术课程教学内容。上述唐卡、剪纸都属于当地非遗，教师则根据自身的特点，选择有利于教学实施的项目进行美术课程资源开发和利用的探索。

3.2.1.2 利用非遗名录建立“美术课程资源库”

非遗传承的美术课程资源开发，就是对非遗这种潜在的美术课程资源进行勘探和挖掘的过程。根据国务院官方网站公布，目前进入我国国家级非物质文化遗产名录的非遗项目多达到1530项。其中2006年国务院批准并确定的第一批国家级非物质文化遗产名录有518项；2008年国务院发布的第二批国家级非物质文化遗产名录共计510项和第一批国家级非物质文化遗产扩展项目名录共计147项；2011年国务院批准并确定的第三批国家级非物质文化遗产名录有191项和国家级非物质文化遗产名录扩展项目名录共计164项。这些项目中，有的是以同一个项目名称，不同申报地区申报的。所以即便是同一个名称之下的非遗项目，在不同地区也会呈现出不同的特点或者不同的表现方式。除了有国家级非遗名录以外，每个省都有自己的省级非遗名录，不断促进不同级别非遗的挖掘、抢救、保护和传承。

随着我国非遗研究与管理的日趋完善和补充，非遗名录的认定已形成了基本的制度。美术课程资源开发可为以非遗传承为目的作保障，能够扩充美术课程资源开发者的挖掘任务。美术课程资源的开发者可以借助目前国家、省级，甚至是地区级等不同层面的非遗研究和管理机构的资源，便捷、清晰地获取我国非遗项目的基本情况与状况。在美术课程资源的开发上，首先勘探这些已经进入各级名录的当地非遗项目。把能够成为潜在美术课程资源的部分，挖掘其高校美术课程资源的具体项目和内容。这样的方式可以高效地调动尽可能多的研究资源和社会资源，还能让美术课程资源的开发者有更多触及非遗资源与各种研究机构的机会，充分拓展美术课程资源开发者对非遗的了解维度。而美术课程资源开发者可以将这些筛选过的非遗名录收集起来，形成初步的“美术课程资源库”。

3.2.2 分解非遗并建立美术课程资源系统中的要素

利用研培教学使美术教育来传承非遗，主要通过进入高校美术课程参与研培活动来实现。非遗本身并不是美术课程资源也不是美术课程。如果要成为美术教育的内容，需要先参与进入美术课程资源系统，通过课程资源的开发、转化和利用环节，才能进入高校美术课程，成为高校美术教育的内容。因此从美术课程资源系统的视角来看非遗，发现非遗本身与美术课程存在一定的差别。

非遗要进入高校美术课程资源系统，并在系统中发挥一定的功能，主要是根据美术课程资源系统要素的特点分解非遗专业及项目，让非遗所包含的多样信息元素能够满足美术课程资源系统的要求。非遗经过解析以后，所包含的美术课程资源系统要素就能够运作于美术课程资源系统并对高校美术课程内容发生一定作用，从而进入美术课程之中。美术课程资源系统的要素有许多，其中包含程思想资源要素、知识资源要素、课程经验要素、人力资源要素等，这几个要素构成课程资源系统。非遗本身并没有参与其中课程资源系统中的任何一个，如果要进入美术课程资源系统，就要建立起非遗与各课程资源系统要素的联系。可以确定非遗要进入美术课程资源系统，就要根据美术课程资源系统要素解析非遗项目，探讨非遗专业及项目中包含了哪些与美术课程资源系统要素知识与信息[12]。

以甘肃省庆阳地区“剪纸”为例，首先将剪纸中获得的美术课程资源素材进行细化和整理，分析与美术课程资源各要素如何建立起具体的联系。将非遗的内在特质与表现形式根据美术课程资源各要素的特点分解开来，并与这些要素建立起联系。美术课程知识资源是美术课程资源中的重要组成部分，其中美术学科知识又是美术课程知识资源中的核心地位。以非遗传承为目的的美术课程，虽然不能与目前高校美术课程目标相悖，但为了突出非遗这种潜在美术课程资源的特殊价值，有必要在目前美术课程目标的指引下，分析出非遗传承的美术课程具体目标及方向。此外，从美术课程资源系统的宏观角度看，设定非遗美术传承的课程目标，会影响非遗这种潜在的美术课程资源在高校课程资源系统运作过程中的作用。因此以非遗传承为目的的美术课程目标设定既是彰显以非遗传承为目的的美术课程特色的需要，也是美术课程资源系统运作的必要准备。非遗进入高校美术教育和美术课程，是为了让学生们通过形成非遗课程的学习而留下对非遗的记忆，以学习非遗技艺或各种知识元素扩展知识的维度和文化的深度。既然使高校美术课程中要让学生形成对非遗的记忆，则高校美术课程的目标就需要一定程度的调整，在目前美术课程的基础上，设定突出非遗传承特点和价值追求的美术课程目标。

3.2.2.1 非遗传承的美术课程目标的确立

A 非遗传承的美术课程总目标的确定

根据我国目前高等院校美术课程目标的方向指引和非遗传承的美术课程目标应具有的特征，综合来看非遗传承的美术课程的总目标可以表述为：学生以个人或集体合作的方式参与各种以非遗为题材或主题的美术活动，尝试各种工具、材料和制作过程，从美术的角度学习对非遗的欣赏和评述的方法，丰富审美经验，体验非遗的魅力与美术活动的乐趣，获得对非遗的认识与理解，并形成通过美术的视角来体验非遗魅力的兴趣。了解某些非遗所蕴含的美术语言的表达方式和方法，并试着用这些方法表达自己的情感和思想，美化环境与生活。在美术学习过程中，激发学生个体对非遗的理解，鼓励学生根据自身的理解进行美术创造，发展学生的创造性思维和实践能力，在形成美术素养的同时，陶冶审美情操，汲取非遗蕴含的精神营养，完善人格。

B 非遗传承的美术课程分目标确定

非遗传承的美术课程总目标的达成，同样需要在中小学美术课程中设置类似阶段目标的分目标，才能让非遗传承的美术课程资源系统运作能够循着一定的路径一步一步地实现这些目标。

非遗传承的美术课程是目前中小学常规美术课程的拓展和延伸，因此目前中小学美术课程的四种领域的学习活动方式，也是非遗传承的美术课程的主要活动方式，而且非遗传承的美术课程内容实施时间和教学内容在整个中小学美术课程中所占比例不能过多。通常情况下，非遗传承的美术课程进入中小学日常美术课程有两种方式，一种是渗透的方式，另一种是主题的方式。因此，对于非遗传承的美术课程目标设定，就可以分为渗透式非遗传承的美术课程分目标的确定，以及主题式非遗传承的美术课程目标的确定两种方式。

a 课程分目标

以渗透的方式来传承，就是把目前研培基础上的美术课程教学内容，在教学内容上靠近这些非遗内容，并通过适当的拓展，让学生接触和了解到这些非遗。如在人民美术出版社出版的义务教育美术教材第七册第二十课发现剪纸课程内容，内容题目《剪纸中的阳刻和阴刻》，在课程内容中凸显“造型·表现”活动领域的学习内容，教学内容和目标分“显性”与“隐性”：

（1）显性内容与目标：通过教学使学生了解“庆阳剪纸”是我国民间传统美术的一种艺术表现形式；能分辨阴刻、阳刻的特点。了解“庆阳剪纸”艺术的历史、艺术形式特点，在欣赏评述的基础上能够用阴刻或阳刻形式完成简单的剪纸创作。

1）通过教学内容使学生了解剪纸属于我国民间美术的一种艺术表现形式。能分辨阴刻、阳刻的特点。

2）了解剪纸艺术的历史、艺术形式特点，在欣赏评述的基础上能够用阴刻或阳刻形式完成简单的剪纸创作。

（2）隐性内容与目标：通过欣赏活动，使学生了解“庆阳剪纸”民间传统产生的艺术特色，使学生们在学习知识的过程中发挥想象力及创造能力。非遗研培传承的美术课程分目标之设定，是在非遗所蕴含的美术课程资源要素中，寻找与目前美术课程目标和教学内容相接近的部分引入美术课程，并根据目前实践所需在美术课程目标要求拓展至非遗传承的美术课程分目标中表现。

通过教学内容赏析活动，学生了解了中国民间传统艺术文化，在学习中体会增强民族自豪感，培养相互合作集体主义意识及观念与建立探究精神，发挥学生的想象力和创造能力。

采用渗透的方式将非遗引入高校研培美术课程，就可以将这门课程的内容与教学所在地区的非遗结合起来。以“庆阳剪纸”这一非遗项目为例，探讨渗透式非遗传承的美术课程分目标的确定。“庆阳剪纸”的艺术特色源于其民间传统为主的工艺特征，因此教师可以将“庆阳剪纸”这种以非遗传承为目的美术课程内容，与高校学生的美术课程学习内容《剪纸中的阳刻和阴刻》结合起来。

b 阶段目标的确定

以引入主题的方式对课程分目标与阶段目标进行确立，就是以某种非遗项目为主题，以本校课程或地方特色课程的方式设计的美术课程。尽管这种主题式非遗传承的美术课程并不在主流的教学体系中在常规美术课程所占比例也不多，但这也有自身的课程优势，它可以在一个相对连续的学习时间内像研培活动等，围绕着主题模式进行相对全面的课程学习，达到对非遗更好的学习和传承效果。这种方式的非遗美术课程目标，可以通过分析非遗传承的美术课程总目标与有关美术课程的阶段目标，综合得出主题式非遗传承美术课程中每个环节的阶段目标。

下面以“庆阳剪纸”传承的美术课程为例，主题式非遗传承的美术课程目标的确定可以根据学生的学习内容难度、梯度变化和心理接受程度，设计每次研培或学期式模式、每次固定时间的主题美术课程。美术课程资源开发者可以根据美术课程实施学校和学生的具体情况，选择“造型能力”“应用与设计”“赏析评述”“探索创新”等几个学习领域中的一个或多个活动方式，尝试设计美术课程目标，进行美术课程资源的开发。

“庆阳剪纸”起源于民间窗花，而窗花又是我国民间遇到喜庆日子里常见的一种装饰表现。因此，“庆阳剪纸”传承的美术课程的设计和实施时间，可以围绕着节日或者具体的主题进行展开，在每学年固定的时间或者临近节假日的课时进行美术课程学习。学生可根据固定的时间或固定节日进行“剪纸”传承的美术课程教学活动。这样的教学开展活动能够更好地将学校美术课程的内容与学生生活的现实情境有机地结合应用起来，借助学生现实生活的情境和气氛，营造学习本课程的氛围。在几年的研培教学计划中逐步摸索教学道路，将“庆阳剪纸”传承的美术课程的内容按难易程度和学生的接受程度分为几个不同的学习阶段与上升方式。

在研培初级阶段的学习与高校美术教学的参与中，其美术学习活动应以体验和尝试的方式为主但教学方式有很大区别，在培养高校学生对剪纸的兴趣为主。这个阶段的学生动手能力、协调能力都不是很强，但想象力比较丰富，直观感受性比较强。以“庆阳剪纸”的相关素材设计的内容中“剪纸是从窗花上发展起来的。窗花是北方民间一种常见的民间艺术形式，北方的冬季寒冷，早年间没有更丰富的生活内容时，而人们更多的时间主要生活在房屋里，因此也在客观上促使北方地区非常流行剪窗花艺术的展开。北方人民今天仍然保留着这个传统，每逢春节和中秋节必须贴窗花，渲染喜庆气氛”。理解历史背景的内容比较容易让学生理解设定的第一个目标，目标内容为“了解窗花是北方民间传统艺术形式”。围绕这个目标，美术课程资源开发者就可以寻找与之相匹配的美术课程资源。同时美术课程资源的开发者就可以通过设置一些有意义的问题，帮助和拓展剪纸美术课程资源的挖掘。

挖掘内容的设定：

(1) 有哪些常见的美术造型知识或图形组合或装饰手段能够促进学生“了解北方民间传统艺术形式”？

(2) 可以联想什么内容或什么东西促进学生们表达其对剪纸中不同图形和内容的窗花的感受？

(3) 有什么样的教学内容和方式，可以调动学生学习剪纸的兴趣？

(4) 为了让学生们“了解北方民间传统艺术形式”，有没有什么造型表现形式可以让学生体验窗花的艺术魅力，提高学习兴趣？

(5) 如何让学生拿着自己制作的窗花来表演或者展示？

根据这些问题，美术课程资源开发者在“庆阳剪纸”相关素材设计内容里寻找到合适的美术课程资源，如“饱满、朴实、创新的构图”可以作为“欣赏·评述”学习活动领域的内容加以利用，“鸟兽鱼虫、福禄寿喜、花卉草木”等剪纸内容可以作为“造型表现”学习领域的内容加以利用。教师课堂现场讲解非遗知识如图 3-3 所示。

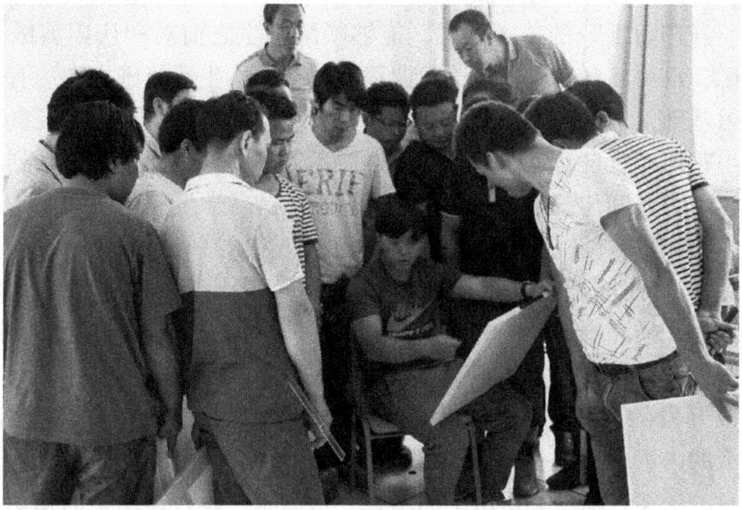

图 3-3　教师课堂现场讲解非遗知识

通过分析这些学习内容应达成的目标，就可以得出非遗传承的美术课程第一学段具体的目标：通过“赏析 · 评述”领域的美术学习活动欣赏剪纸，并与其他地区的剪纸艺术进行相对应比较，了解剪纸构图朴实饱满的特点，表达自己对剪纸的感受；通过“造型能力的表现”学习领域，用学生收集来的各种材料纸张等，利用剪刀工具等剪或手撕的方式，学习吉祥动植物纹样各种图案的剪法或撕法，体验造型表现活动的乐趣；通过“创新窗花形式”的“创新 · 探索”学习活动，让学生进行主题性的窗花设计和制作活动，并用自己制作的窗花向家人和同学介绍的方式展示出来，同时表达说出自己制作的心得和感受；课程最终选出一些具有代表性的剪纸艺术作品，策划民间艺术的宣传栏或某个指定的区域的艺术活动。学生通过这一系列的学习活动参与，增加对剪纸的了解，主动亲近剪纸这种民间非遗艺术形式，并在此过程中得到愉快的学习经历和合作经验。这个目标的得出首先依据非遗传承的美术课程总目标的方向，然后再结合第一学段学生的接受能力和美术课程阶段目标的要求，寻找对应的美术课程学习活动内容，同时要再反过来对这一学段美术课程分目标做出描述。如果从美术课程资源开发的角度看，除了可以利用“庆阳剪纸”相关素材设计资源要素归类，并在其中寻找合适的美术课程资源，也可以在当地所使用的美术教材中选择和拓展美术课程资源。

第二学段的学习目标及内容的开展主要以学生们对美术学习活动保留着“游

戏式”的体验与尝试进行，但其动手能力会大幅增强应用，而且也要逐步进行语言表达能力的提高训练，在学习中探究对其他科学知识的了解也变得更丰富，对身体和头脑的协调能力也会增强。在第二学段的学习过程中，设置与第一学段同期进行的“庆阳剪纸”的美术课程，能够唤醒学生之前对“庆阳剪纸”的美术课程的回忆，也顺其自然地进行美术课程学习并融入生活氛围之中。有了第一个学段的学习基础，学生已经在美术课程中接触到“庆阳剪纸”，而且参与过剪窗花、制作小花饰、对自己的剪纸作品做过展示等活动，也通过这一系列的学习活动了解到“北方民间传统艺术形式”。接下来再提高学生们的认知水平，第二学段的学生们应该能够慢慢理解更多造型、色彩和艺术感等美术语言，在美术课程中经常提到的“对比与和谐”和“对称与均衡”等原理，能够对美术作品中提到的“形、色、质、感”等进行描绘并理解其特点。根据学习进度的课程特点，美术课程资源开发者可以在“庆阳剪纸”相关素材设计中寻找到合适的美术课程资源加以开发的素材。如前文中谈到的“鸟兽鱼虫、福禄寿喜、花卉草木”等民间剪纸的内容，也是“庆阳剪纸”常见的内容形式，这些内容大多都是一些吉祥寓意的图案。随着见识水平的增长，可以将一些吉祥图案的知识、动物生肖的常识作为学习的内容。这些农业文明下形成相匹配的审美倾向，如老百姓祈求“风调雨顺”“丰衣足食”“热闹喜庆”，就可以成为第二学段学生应该了解的内容。

因此第二学段的目标可以设定为：通过“欣赏·评述”学习活动，观赏剪纸有关祈求“风调雨顺”“丰衣足食”“热闹喜庆”等民间寓意内容的作品，能用口头或书面的语言表达，讲出剪纸蕴含的审美倾向及自己的学习感受心得。通过“赏析·评述”学习活动，了解剪纸常见的吉祥图案的内涵和寓意，以及我国传统动物生肖的常识与故事，学习使用剪刀等工具，学习阴刻与阳刻的剪纸方法，体验用剪纸的方式设计与制作吉祥图案和动物生肖的乐趣，激发对图案和动物造型的创造愿望、通过“创新·探索”学习活动，采用造型游戏的方式。结合其他学科等课程内容，进行剪纸创作活动，增进对“庆阳剪纸”内容和题材的理解与认识。

围绕上述目标，美术课程资源开发者就可以寻找相对应的美术课程资源。同样开发者可以设置一些相关的问题，帮助美术课程资源的拓展挖掘：

(1) 如何能够在美术造型活动的参与过程中促进学生“理解民间吉祥图案的内涵和寓意”？

(2) 如何掌握剪纸的技术和方法让学生尝试剪出一定的主题图案？我国传统的剪纸图案中生肖都有哪十二个造型样式？它们的造型特点是什么？如何利用这些剪纸的技术和方法把这些具有特点的生肖动物造型表现出来？

(3) 如何利用生肖故事来调动起学生的学习积极性与兴趣，进而更愿意去发挥创意来表现这些动物的造型与创作?

根据上述这些问题的设立，美术课程资源开发者就可以把剪纸相关素材设计在“资源要素归类”中，并寻找合适的美术课程资源。同时也可以结合教科书及教材的内容，选择相关的学习活动内容，融合到“庆阳剪纸”传承的美术课程中，拓展教学内容，充实这个学段“庆阳剪纸”传承的美术课程目标。

再进入第三学段的学习，其知识积累也有了一定的水平，理解能力也达到了一个新的高度。这个学段的学生能够理解一些更为专业的美术语言，应用构图原理中的“对比与和谐”“对称与均衡”“节奏与韵律”等图形组合原理，其美术创作活动也从无意识的游戏和尝试状态，逐渐过渡到越来越有目的的创作和设计行为。学生的分析能力也有所提高，可以通过描述、分析、讨论等方式来欣赏和认识美术作品，而且应该可以用一定的美术术语来表达自己对作品的理解和想法等。针对这一学段学生“庆阳剪纸”传承的美术课程，应开始将“庆阳剪纸”的文化内涵属性与“庆阳剪纸”的历史文化等融入美术学习中，提高学生美术学习活动的自主研发性和探索创新性。到了这个阶段，“庆阳剪纸”传承的美术课程阶段目标已经变得非常丰富且不容易确定下来，此时可以通过先挖掘“庆阳剪纸”教材中可以进入美术课程的内容找出路，然后结合学生自身想要学习的内容，与“庆阳剪纸”传承的美术课程总目标和阶段目标结合起来，得到这一阶段的分目标。首先是从现有美术教材的内容寻找与剪纸相关联的学习知识内容。如“蔚县剪纸”的特色之一是完成剪纸活动中最后的染色步骤，如何形成色彩鲜艳的艺术效果，从这点就可以拓展出美术中色彩与色相、明度与对比等内容的结合，成为学生学习剪纸艺术用色特点的美术课程知识资源。根据上述美术课程的内容和第三学段学生应达到的美术课程阶段目标，得出“庆阳剪纸”传承的美术课程第三学段学生应达成的目标为：通过“赏析·评述”学习活动和“造型能力表现”等学习活动、欣赏与学习剪纸艺术的色彩搭配特点，了解色相、明度和色彩对比等专业美术知识，并试着用这些美术知识构建装饰自己的剪纸作品，发展美术构思能力与创新能力；通过“赏析·评述”的学习活动，欣赏不同时期剪纸艺术的特点，认识剪纸的代表人物及其代表作品和风格特征，并要能够用口头或书面语言，表达出自己对民间剪纸艺术风格的感受；通过“创新·探索”学习活动，以当地素材为主题线索，以美术与历史、戏曲、建筑等其他学科知识相结合的方式，进行策划、表演与展示，体验剪纸艺术与当地传统文化的关系。

第四学段的学习逐步进入更专业的状态，其专业发展更加成熟，思维能力和分析能力比起第三学段的学习应该有明显的提高。学生们的知识积累变得更加丰富且宽广，对美术专业知识术语的接触更广泛，理解能力也已经达到一定的水平。这个学段的学生应该具备较强的动手能力，可以尝试体验用刀刻等方式来创作剪纸艺术作品。非遗研培“庆阳剪纸”传承的美术课程，应该提供给学生与传承人更多交流的机会，以及参观、参与制作、调查采访的机会。当地民间剪纸这种非遗的土壤，应让学生置身其中，也是美术课程与社会、文化结合起来的正确时机。让学生更深一步地了解“庆阳剪纸”，同时让学生们对这种非遗艺术形式的表达产生认同感的需要，也可以使部分准备学习专业技能进入社会的学生多一个选择的空间，学习“庆阳剪纸”的技艺，真正成为非遗技艺的传承人。从学习的角度出发，继续深入学习“庆阳剪纸”技艺的学生毕竟非常有限，更多的目的是学生可以通过学习“庆阳剪纸”更好地了解这种非遗，进而形成对国家民族的认同感和自豪感。因此对于这个学段的学生而言，目标可以设定为通过“造型·创新”学习活动、学习剪纸的工艺流程，体验剪纸的“精工制作”思想，认识剪纸的特殊工具及其制作手艺，体验剪纸这种用刀刻的制作流程与这一技艺产生的独特艺术效果，能试着运用剪纸的技能进行简单的剪纸创作活动；通过“赏析·评述”学习活动，能够从多个角度欣赏和认识剪纸的材质、形式和内容特征获得初步的审美经验和鉴赏能力，理解剪纸的艺术魅力和文化内涵，懂得尊重剪纸这一非遗类型。以传承非遗为目的美术课程目标的设置，应从美术课程资源系统运作的理论思考出发，用以阐释非遗这种潜在美术课程资源进入美术课程资源系统时所需的一个中间过程。这里有必要强调的是，以非遗传承为目的的高校美术课程，是在现行美术课程基础上的补充和丰富，其可以本校课程的方式进入高校美术课程中，也可以为日常美术课程的拓展形式进入大学美术课程。

3.2.3 高校美术课程资源的转化

非遗美术课程资源对高校美术课程的作用，从形成美术课程的素材和课程资源与最终转化为保障。高校美术课程得以顺利实施的条件和美术课程资源两部分来阐述美术课程资源转化的问题。这里以“洮砚”传承的美术课程为例，按照这个思路来说明洮砚传承的美术课程资源转化问题。

3.2.3.1 洮砚传承的美术课程素材性课程资源转化

美术课程素材性资源经转化之后，将会融入高校美术课程并以美术课程的目标、内容、实施、评价等形式出现。由于美术课程内容是美术知识承载的主要载体，也是美术课程的主要构成部分之一，因此也是素材美术课程资源转化的主要部分。

首先根据洮砚传承的美术课程目标，选择相应的美术课程资源与合适内容作为“洮砚”传承的美术课程内容。比如洮砚的美术课程资源开发中，洮砚是来源于民间的物件，因此洮砚的雕刻技能就可以作为美术学习活动的内容，学习过程中让学生对洮砚的早期形式有所了解和体验。因此教师可以把洮砚美术课程资源中的砚石制作方法、技巧和图形知识作为高校学生学习的内容，对这一美术课程资源进行具体的美术教育转化。既然要利用“洮砚”对高校学生的美术课程资源进行转化，也要考虑这一美术课程资源的利用能实现哪些美术课程目标。所以对于高校学生而言，通过学习洮砚制作的活动体验，提供学生在课堂情境接触洮砚的机会，学生们了解洮砚的艺术特点，了解和体验洮砚制作的过程。因此根据美术课程的目标，课程的目标可以通过以下几个方面表述：(1) 知识与技能目标方面，让学生认识砚石制作的知识，如何用工具进行砚石装饰，了解民间技艺的基本口诀和民间艺术的基本表达方法等；(2) 过程与方法目标方面，通过用洮砚造型制作过程和砚石挑选的探索和实验，体会洮砚制作过程，提高利用工具的技巧，发展洮砚表现能力；(3) 情感、态度和价值观目标方面，增进学生对洮砚的了解，让学生体验洮砚活动的乐趣并产生对洮砚艺术的兴趣。

洮砚的特点是用刀刻工艺最典型，而且洮砚造型特点与其工艺息息相关。要把洮砚作为美术课程资源加以利用，就需要让学生接触到洮砚的典型艺术特征。是把美术课程的设计保留尽可能多的洮砚艺术特色，并围绕着洮砚为中心来设计美术课程活动内容。接下来是设计具体的美术课程实施过程，考虑用什么具体的教学方法，给出具体的教学建议。这个阶段对于一线美术教师来说是较为熟悉的部分，因为这部分的设计主要表现在美术课程的实施。实际上美术课程资源的选择（即取舍)、加工（即放大、缩小或建立联系）的过程。对美术课程资源进行选择，参照高校学生的年龄和心理特征、学校教学环境等条件，教授教师自身的能力特点，选择合适的情境下、针对学生们的美术课程内容。尽管洮砚包含了许多不同类型的美术课程资源，但是不是所有的资源都能满足上述前提条件。对美术课程资源的选择，就是取合适资源并大胆舍弃不宜资源的抉择。而对非遗美术课程资源的加工，就是放大合适的资源，扩展为丰满的美术课程内容，把原有不适于美术课程的资源减少。非遗课堂教学成果展示与参观如图 3-4 所示。

图 3-4 非遗课堂教学成果展示与参观

3.2.3.2 非遗洮砚美术课程传承条件性的资源转化

条件性美术课程资源转化后，将会变成保障美术课程以顺利实施的支持条件，包括美术课程实施的硬件设备、工具和材料等硬件部分，以及教师对美术课程目标和美术课程内容设计的总体把握等软件部分。

针对硬件部分的美术课程资源转化，一方面根据教学对象的生理和心理承受特点，如小学生不太适合用刀来进行创作活动，因此可以用剪刀替代，或者用撕的办法来替代；另一方面，根据美术课程教学活动需要，不用传统的染色颜料，而用更适合小学生的水粉颜料。这些选择主要以安全性和适切性为依据。如蔚县随处可以接触到剪纸的纸张，师生可以比较容易获得，它们可以直接用于美术课程活动之中；剪纸用的剪刀，学生可以在家里准备，也非常容易获得；染色的颜料，教师可以用水彩或水粉颜料替代传统的矿物质颜料和酒精。

软件部分则根据课程目标和课程内容的要求，把有利于实现美术课程目标和顺利完成美术课程实施的资源进行教育学转化。如“剪纸”的艺术魅力来自其精湛的技艺，而每一个技艺环节都有细致的要求，任何环节出现问题都会影响最后剪纸作品的质量，可谓细节决定成败。“细节决定成败”是“剪纸”承载的一种思想资源，美术课程可以利用这种资源辅助实现宏观的美术育人目标。虽然在美术课程中难以让学生直接体验复杂的工艺，但是可以设计针对这些工艺知识的补充拓展材料，引导学生在自己的窗花制作过程中，也要尽量注意耐心对待这些细节部位，让学生从简单的活动开始体会这个思想的内涵。又如，蔚县有许多民间艺人，这种美术课程人力资源，可以请进美术课堂，设计由民间艺人与学生互动的美术课程活动内容，让学生更直观地接触和了解蔚县剪纸的精湛工艺，了解民间艺人对蔚县剪纸的创作心得。再如，蔚县剪纸的戏曲人物造型和风格特征最特别，是蔚县剪纸艺术魅力的集中体现。要学生在美术课程学习中真正地理解蔚县剪纸的艺术魅力是非常困难的，这需要大量辅助理解的知识资源参与美术课程之中，通过大量不同学科知识共同编织一个文化背景网络来帮助学生理解。而蔚县的地理特点和历史发展形成了喜欢听戏的民俗，这些都是比较浅显的地理知识、历史知识和民俗知识。教师们可以利用这些知识资源，帮助学生加深对蔚县剪纸内容偏爱戏曲人物的理解。虽然这些知识资源并没有构成美术课程内容的主体，而且在美术课程的比例必须控制得当（否则会导致美术课程偏离美术本体），但是它们对美术课程目标甚至更高一层的教育目标的达成，具有重要的意义。这些知识资源在美术课程资源转化中，往往只需要提供一些基本的背景材料即可。

3.2.4 非遗美术课程资源的利用

非遗美术课程资源的利用，通过进入非遗美术课程即美术课程资源的转化体现出来。从美术课程的角度看，利用美术课程资源是在扩大美术课程内容的丰富性和提高美术课程实施的效率。因此美术课程资源的利用与美术课程目标、美术课程内容和美术课程实施有着密切的联系。

以非遗传承为目的的美术课程资源的利用，就是利用包括非遗蕴含的美术课程资源，以及有助于达成非遗传承的美术课程目标和其他美术课课程资源总和。并通过考察这些美术课程资源对达成非遗传承的目标、丰富非遗传承美术课程的内容、提高非遗传承的美术课程实施的作用这三个角度来衡量美术课程资源的利用程度与效果。其中影响非遗传承的美术课程实施的因素，除了有美术课程资源的开发、转化和利用，还包括许多因素。因此在考察非遗传承的美术课程资源利用时，重点通过美术课程资源对非遗传承的美术课程目标和内容的影响来讨论。而非遗蕴含的美术课程资源则根据前文关于“分解非遗并与美术课程资源系统中的各要素建立联系”中洮砚蕴含的美术课程资源获得的。通过课程实践运行，不难发现出洮砚所蕴含的美术课程资源要素，结合洮砚传承的美术课程分目标对美术课程内容的设想，可以充分利用从洮砚这一非遗初步分析得出的美术课程资源。这说明洮砚这种潜在的美术课程资源经过初步分解，并与美术课程资源系统中的各个要素建立起来的联系是比较成功的。所以在此基础上，研培实践中要对洮砚这一潜在的美术课程资源进一步挖掘，结合更丰富的美术课程内容设计的需要，寻找更多的美术课程资源[13]。

3.2.4.1 非遗传承美术课程资源系统运作

A 非遗传承美术课程资源系统运作的核心及意义

对非遗传承美术课程资源系统运作应进行客观理性的评估，如何界定非遗传承的美术课程资源系统运作对非遗传承课程发挥的作用和带来的影响。也就是说，通过美术课程目标的设定、美术课程内容的设计、美术课程实施的效果等几个方面进行评估，在施教中考察美术课程资源再开发、转化和利用环节的效率问题。研究美术课程资源系统运作，研究非遗美术课程资源系统对美术课程产生的作用效果。美术课程资源系统的开发、转化和利用，会涉及前期对非遗的资源勘探、挖掘与中期的资源转化、利用和后期完整过程效果及质量评估。因此在评估美术课程资源系统运作的过程中，能否找到有利于美术课程的资源系统题材或内容是重要的评估指标。对研培有利的美术课程资源，还要反复评估它们能否转化为真正作用于高校美术课程或者保障高校美术课程顺利实施的效果。非遗这一潜在的美术课程资源在各科研体系及工作研究人员的努力之下以惊人的速度不断推进，许多研究成果更能发掘出作为开设美术课程的资源并且源源不断地涌现出来。非遗传承的美术课程资源系统运作评估，能够在某种程度上推进美术课程资源开发和利用，使参与研培人员主动关注更多非遗研究的新成果，以提高非遗传承资源系统运作的质量，促进非遗传承的美术课程目标的达成。

B 评估非遗传承美术课程资源系统运作内容

对非遗传承的美术课程资源系统运作的评估，需要考虑到以下几方面的内容：(1) 非遗传承的美术课程目标的作用；(2) 非遗传承的美术课程内容的作用；(3) 非遗传承的美术课程顺利实施的影响；(4) 非遗传承的美术课程资源库的意义。如何达成非遗传承的美术课程目标的作用，换句话说就是评估通过课程研究挖掘出来的美术课程资源在对课程目标是否发挥积极的作用和意义。如庆阳剪纸传承的美术课程资源中的民俗知识，庆阳剪纸起源于节庆日子贴窗花的传统，对庆阳剪纸传承的美术课程分目标能否起到积极的作用。把这种资源是用在初级学段学生的美术课程内容中的，其分目标是把通过"学校过年贴窗花"的这种实践行动与"综合探索"系列学习活动的参与，增加对非遗剪纸项目的了解，主动使学生们亲近剪纸这种艺术表现形式，并在学习的过程中得到有益的学习经历和合作经验。同时我国民俗知识剪纸的起源有助于学生了解和探究，而且容易唤起学生的生活经验与学习兴趣，因此基于上述判断可以肯定认为这项非遗美术课程资源对美术课程目标的达成是有一定作用的，也对丰富非遗传承的美术课程内容是有作用的，这也就是评估挖掘出来的非遗美术课程资源对丰富美术课程内容能起到积极的作用。如课程实施中非遗美术课程内容是欣赏庆阳剪纸，并从中懂得学习剪纸的色相、明度和色彩对比的知识。学习在庆阳剪纸的特点中色彩丰富的染色效果，然而在前文中对于非遗阐述中民间传统色彩搭配，只有一些流行于工匠和学徒之间的口诀；而且这些当地的独特口诀多数只是按照规矩或传统背诵出来，并按照一定的自设程序和规则用在作品的染色上。但是深挖这些民间口诀，难道就能够使色彩看起来具有对比强烈的特点？这样的问题可能还需要其他非遗知识或学科知识帮助学生理解和掌握。将高校美术专业知识引入色彩构成中的色相、明度和色彩对比等知识，可能将有助于学生理解诸如"红靠黄，亮晃晃"和"红间黄，喜煞娘"等口诀所体现的知识和道理。对于研培学生和高校学生而言，如果没有这些色彩构成的知识垫底，将不利于美术知识的积累。因此利用色相、明度和色彩对比等美术课程知识资源，不仅有助于学生理解剪纸色彩斑斓的原因，也丰富了美术课程内容。

评价对非遗传承的美术课程顺利实施的影响，就是评估挖掘出来的非遗美术课程资源对美术课程的实施是否具有积极的影响。美术课程的实施受到多方面因素的影响，在考察美术课程资源对美术课程实施的影响时，可以通过考察条件性美术课程资源对美术课程的影响进行。如何充实非遗传承美术课程资源库的作用，核心就是考察在美术课程资源的开发、转化和利用的过程中，能否不断地开发出更多有价值的美术课程资源，充实非遗传承的美术课程资源库。如上文提到的色彩构成里的色相、明度和色彩对比的知识，并不是剪纸这种非遗本身所蕴含的美术课程知识资源要素，但是其对剪纸传承的美术课程有价值，因此就可以作为美术课程资源进入非遗传承的美术课程资源库中。

3.2.4.2 填充非遗传承美术课程资源库

非遗美术课程资源系统的运作是一个不断进化的过程，从非遗资源的开发、转化到利用只是美术课程资源系统运作的一个相对完整的环节。从美术课程资源系统运作的角度看，开发、转化和利用是不断深入的过程，经过系统的开发、转化和利用之后，美术课程资源库将不断得到充实。这又反过来影响非遗美术课程和美术课程资源元素。当美术课程资源库不断得到充实时，美术课程资源的利用者就可以更便捷地利用这些资源，促进美术课程内容更加丰富、美术课程的实施更加有效、美术课程的目标更易达成。正如前文所述，教师和学生在利用美术课程资源的时候，会对美术课程资源作出各种评估，来不断完善美术课程资源系统。这也会促成美术课程资源库的资源越来越充实和完整，而且各种美术课程资源将会被得到更有效的利用。因此从美术课程资源系统的角度来看，不断充实美术课程资源库是一个重要的后续工作。非遗传承中的美术课程资源库需要在非遗美术课程资源系统运作中不断地被充实与加入。从非遗本体而言，其研究的不断提高与推进，已经让人们对其认识非遗的价值与意义不断地加码与拔高，因此作为从业者与参与者更新非遗传承的美术课程资源库有着内在的需要。而且随着对非遗传承的美术课程资源开发、转化和利用的不断深入，教师和学生对非遗传承的美术课程资源库要求更高，即内容更丰富和价值更高。非遗教学成果展示如图3-5所示。

图 3-5 非遗教学成果展示

4 高校与非遗的联动关系

4.1 非遗美术进入现代学院教育历史进程

中华人民共和国成立后的一段时期内，民间美术事业的发展呈繁荣之势，民族民间艺术的收集、研究与教育工作逐渐展开与深化，在美术展览中，代表群众艺术的民间美术创作是重要组成部分。民间文艺事业呈现百家争鸣、百花齐放的发展势态。1946 年，国立杭州艺术专科学校复校，设国画、西洋画、雕塑、图案设计四大专业四系。1950 年，改组为中央美术学院华东分院，图案系改为实用美术系。1949 年 9 月至 1951 年暑期，江丰任杭州艺术专科学校党委书记，其间除大力提倡年画、连环画这一普及形式外，还热心支持民间美术，聘请民间艺人成立民间美术创作研究室。江丰离开后，杭州艺术专科学校延续他的设想举办了两期华东民间美术工艺培训班。1958 年 6 月，中央美术学院华东分院增设工农专修班、民间美术系和工艺美术系。民间美术系设石雕、镶嵌、木雕、彩塑 4 个班，学制 4 年，由著名老艺人任教，东阳木雕老艺人马凤棠任系副主任，雕塑家周轻鼎担任系主任，随着学校进行科系改进，于 1959 年召开座谈会决定撤销民间美术系。1946 年，国立北平艺术专科学校复校，设绘画、雕塑、图案、工艺（含陶瓷组）、音乐五科。1950 年，经过合并、改组成立中央美术学院，陶瓷科、图案科合并为实用美术系，下设陶瓷、染织、印刷、美术三科，张仃任系主任。1952 年，中央美术学院华东分院绘画系主任庞薰琹提出将中央美术学院与华东分院的实用美术系合并为工艺美术学院的设想，并在随后全国展开的高等院校院系大调整中得以实现。至 1953 年初，华东分院实用美术系的庞藏聚、雷圭元、柴扉、顾恒、程尚任、袁迈、柳维和、温练昌、田自秉等教员北上，与张仃、张光宇领导的中央美术学院实用美术系汇合，同时高庄、王逊、常沙娜等教师调入清华大学营造系。徐悲鸿在礼堂欢迎大会上致辞说："南北艺术界的大会师，必将促进我国新兴的工艺美术事业的大发展。"合并后建立起中央美术学院实用美术系的教学特点，由田自秉总结为"四点（深入生活、学习传统、强调实践、重视理论）、三化（工业化、日用化、大众化）"。当时中央美术学院十分重视民间美术教学，并且吸收民间艺人参与教学、创作与研究工作，成立了"泥人张"（张景祜）、"面人汤"（汤子博）、"皮影路"（路景达）等工作室。1956 年 3 月，依照毛主席在关于手工业工作的指示中提到："提高工艺美术品的水平和保护民间老艺人的办法很好，赶快搞，要搞好一些。你们自己设立机构，开办学院，召集会议。”在多方协力筹备下，同年5月，国务院正式批准建立“中央工艺美术学院”，由此标志中国的工艺美术与艺术设计教育走向独立发展阶段，中央美术学院的工艺美术与民间美术教育也由此度中断。1974年建立中央五七艺术大学美术学院，恢复办学，至1977年，文化部恢复中央美术学院建置。

1978年十一届三中全会召开后，开始倡导民族文化复兴，在基层开展了广泛而深入的群众文化工作，其中就包含了“民间艺术之乡”的评选，以及民间美术的普及、发掘和推介，至80年代改革开放，正值西方文化涌入的热潮，民族民间文化也在悄然复兴，民间美术热也带来了鲜活强烈的有本土文化内涵的精神启示。

1979年江丰院长重返工作岗位，他不遗余力地推进民间美术相关学科的建立与发展，于1980年建立“年画连环画系”，彦涵首任系主任，行政与教学工作的筹建者与执行者由杨先让承担，教师队伍逐步扩充。1985年至1986年之初，调入靳之林和叶毓中，其间靳之林带领6位陕北和陇东的剪花婆婆来学校传授民间剪纸技艺，这一举动产生了轰动效应，被杨先让称为“建立民间美术系的前奏”。随后于1986年4月，年画连环画系改建为民间美术系。自创系之初，中央美术学院民间美术系就十分强调采风实践与艺术创作实践的紧密结合。从民间采风到比较深入的民间美术田野考察，再到有开拓性研究方法的创立。为了探索民间美术的教学与研究方法，1986年建系之后，杨先让作为系主任组织了黄河流域民间艺术考察队，沿黄河流域进行田野考察，前后持续四年行程几万里，制作了纪录片《大河行》；杨先让、杨阳合撰《黄河十四走》；考察中所收集到的民间美术品也构成中央美术学院“民间美术陈列室”的重要藏品。至1990年，毕业并留校任教的乔晓光，开始承担起带学生下乡进行民间文化田野调查、研究与创作的教学任务。在民间美术理论研究上作出突出贡献的是靳之林，他于1973—1985年工作和生活在延安，因为崇仰古元在延安革命时期创作的木刻艺术，靳之林毅然前往延安工作与生活，从事延安地区文物的发掘保护工作。1979年，靳之林参加并主持延安地区13市县以民间剪纸为主体的民间美术普查，成为20世纪80年代民间美术热的重要发端事件之一。长期进入村庄现实生活，让他的哲学认识回归到了生活的常识。靳之林说，陕北农村的老大娘给了他打开本原文化之门的“金钥匙”。在研究观念上，受到滕凤谦对民间剪纸纹样“生殖崇拜”研究的启示后，靳之林开启了民间美术中所蕴含的“本原文化”的研究，成果反映在他的三部专著《抓髻娃娃》《生命之树》《绵绵瓜瓞》中，代表了这个时代研究民间美术的方法论和开拓性的文化视野。1985年靳之林发表《我国民间艺术的造型体系》一文，在大量分析民间美术作品中所蕴含深刻哲学内涵的本土造型体系的论述之上，提出我国的美术学院包括西洋、民族和民间三个体系，应该建立“立足民间，三大造型体系并列的基础课教学”。民间美术作为“第三体系”进入美术学院，这无疑在探索本土美术造型艺术表现的道路上作出了有益的尝试。然而，至 90 年代，民间美术热消退，中央美术学院民间美术系改为民间美术研究室，由此，也标志着民间美术事业走向了阶段性的低潮。

4.2 实践推动非遗的社会认知与基础研究

20 世纪末，中央美术学院民间美术专业也如同跌入低谷的民间文化命运一样，面临着生死抉择，但也抓住了时代和社会发展的新机遇，即 21 世纪初联合国教科文组织所启动的非物质文化遗产项目。进入 21 世纪，中国的“非物质文化遗产”保护事业开始兴起，在国家与社会各界的推动下，经过十余年的社会实践，非遗已经成为深入人心的价值观念，成为国家体制内的日常工作。“最早从学术研究的视角切入非物质文化遗产保护运动的，是美术界学者。”这里所指的，正是中央美术学院，以民间美术学科传统为根基，中央美术学院一马当先，在乔晓光的极力推动下，建立专门研究机构，从事非遗教学与研究工作，开展剪纸普查申遗工作、乡村民间艺术传承保护、非遗传承人培训等一系列活动。中央美术学院已经成为开创非遗教育的案例，就学科专业的发展历程而言，也历经了从民间美术向非遗的转变。基于多年的教学、研究与实践的底蕴，同时顺应新的社会发展形势，为了更好地发挥大学教育在传统文化方面的重要作用，中央美术学院在民间美术研究室基础上，于 2002 年成立“非物质文化遗产研究中心”（简称“非遗中心”），在国内高校率先创建并完善以“非物质文化遗产——中国民间文化艺术”研究为主旨的新专业领域，将民间美术作为人类文化遗产正式系统地列入大学艺术教育，主要从事非物质文化遗产方面的普查、抢救、保护、研究、文化发展规划、人才培养等科研教学及社会实践工作。中心创立的基本理念为：关注人类文化遗产，关注民族优秀文化传统的可持续发展价值，关注民间文化遗产保护传承，关注民间社区文化发展创造，关注大学教育在社会转型期对文化与遗产方面的重要作用，探索以“产、官、学、民”的科研理念实现科研社会参与和新型专业人才培养[5]。早在 2001 年，靳之林已经在陕北延川小程村策划并主持原生态传承保护模式试点工作，建立小程民间艺术村和碾畔黄河原生态民俗文化博物馆，实施教育传承普及项目，率先开启探索社区非遗保护的项目模式。时值非遗中心成立之际，乔晓光作为项目主持人正式承接“中国民间剪纸”申报联合国教科文组织“人类口头和非物质遗产代表作名录”的相关工作：确定传承人、调查、记录并整理图文资料；编纂申报文本化遗产与拍制纪录片；筹办“走进母亲河：中国民间剪纸天才传承者生活和艺术”大型展览；召开中国非物质文化遗产民间剪纸国际学术研讨会。先后经过三次申报，最终于 2009 年申报成功，“中国民间剪纸”正式列入联合国教科文组织“人类非物质文化遗产代表作名录”。2002年6月，由乔晓光主持，为文化部“中华民族民间文化保护工程”提供《民族、民间美术保护与可持续发展规划草案》，为中国民间文艺家协会启动的“中国民间文化遗产抢救工程”起草《中国民间美术分布地图册》编辑大纲。10月22—23日，由教育部、文化部、联合国教科文组织驻京代表处支持，中央美术学院主办并召开中国高等院校首届非物质文化遗产教育教学研讨会，来自近30所高校、研究机构的160多人参会，研讨会综合主题为：大学教育与人类非物质文化遗产，并推出《非物质文化遗产教育宣言》，呼唤青年群体的文化自信与判断，关注民族民间文化的命运，这次研讨会也被认为是首次将民间文化艺术作为人类文化遗产正式引入高校的会议。在我国非遗启动之初召开首次教育教学研讨会，起到了在高校与各专业领域进行推介与动员的作用。同月，受教育部体育卫生与艺术教育司委托，撰写《中华民族优秀传统文化中小学教育传承项目实施规划草案》；在甘肃环县建立“西北非物质文化遗产保护研究基地”（皮影类）。2003年1月，由中央美术学院非遗中心发起，与北京大学、清华大学、中央民族大学等在京高校联合发起中国第一个“文化遗产日”，在北京王府井步行街举行首届“青年文化遗产日”活动，并确立每年元月1日为青年文化遗产日的倡议，提出了关注“三农”与非遗问题的呼吁，倡导走向延安、走向农村、走向更边远的少数民族村寨；9月，受全国人大教科文卫委员会委托，非遗中心组织在京专家讨论《中华人民共和国民族民间传统文化保护法（草案）》。2004年，根据联合国教科文组织非遗理念与项目实践原则，结合社会实践，乔晓光编著《活态文化》一书，提出了“以村社为文化生态主体，以人为本的活态文化研究方法”，揭示出非遗的“活态性”的本质属性，倡导基于乡村社区的田野调查与基础研究的理念。2009年，受教育部体卫艺司委托，乔晓光领衔主编全国高等学校美术学（教师教育）本科专业必修课程教材，2011年8月《中国民间美术》正式出版，继而标志着民间美术非遗逐步进入高等教育的殿堂[15]。

4.3 以美术学院教学为案例推动民间美术及非遗的专业教学探索

随着非遗在国家的助力下逐步发展，民间美术作为专业进入美术学院教育体系，当属开创之举，但也面临无成熟的教学经验可供借鉴的现实，其实，这也为建构符合本土语境的新的美术学科模式提供了可能性。“千里之行，始于足下”，民间美术专业正是在实践中逐步探索与推进。杨先让对民间美术专业进行了设定：（1）民间美术专业的设置，不是培养民间艺人的教学组织，而是在学习研究中国传统民间美术的基础上，培养进行现代再创造的美术专业人才；（2）被培养的人才所具备的专业能力及出路，将比其他专业培养人才的路子广，因为该专业是个综合性的艺术构成，不是以画种分专业，所以所培养的人才，不仅要掌握民间美术的造型规律及史论，而且要掌握西方绘画造型及中国水墨工笔技能和史论；（3）该专业只能通过边学边干，促进民间美术教学事业健康发展。1980年，年画连环画系获批招生，招生研究生6名、本科生10余名，年画、连环画两专业各占半数。年画专业由冯真负责，顾群协助，连环画专业。从上海人民美术出版社借调贺友直为客座教授，也不定期邀请外地名家短期任教。新建立的年画连环画系并无先例可循，两个新专业的课程设置，依托于中央美术学院专业体系，在既有的学院中西美术技能训练的基础上，拓展中国民间美术的专业特色。年画连环画系学生的课程，除了史论、外语等共同课，素描、色彩、西画，以及中国画的工笔重彩、书法等都要学习，另加下乡实习与创作课。年画专业强调学习民间艺术，连环画专业强调自编自画。1980年，第一批6名研究生（年画专业：黄素宁、李振球、韩喜增，连环画专业：刘宇廉、韩书力、徐纯中）一入学即前往敦煌莫高窟、芮城永乐宫考察并临摹实习，然后才回学校上课。1982年，英国首相撒切尔夫人访华期间参观中央美术学院，参观了陈列馆，恰逢年画连环画系6位研究生的毕业创作在大厅展览，撒切尔夫人对韩书力表现西藏人物的画卷颇为赞赏，并一再询问其艺术表现手法。1984年年画连环画系创建7年，培养了3届研究生共9人，本科生5届共28人，进修生4届有27人结业，留学生及国外学生短训班各届共6人。先后走出众多优秀的毕业生，既为本系培养了师资，也为社会输送了诸多颇有建树的艺术人才。

在当时，社会对年画的需求主要依靠出版而不是展览，多数又以“月份牌”年画为主，艺术品质不高。市面上盛行“大美人”“胖娃娃”等世俗年画，这些现象都不利于年画艺术的发展。针对这种流行的社会现象，年画专业制定了“巩固、研究、稳步发展”的方针，民间与月份牌画法都学习，但重点放在研究民间艺术上。在教学中，要求年画专业的素描、色彩、工笔重彩和临摹课必须教得扎实，造型基础修养提高了，再去进行月份牌年画创作，要画得古典雅致，可以吸收重彩、水彩和民间艺术的一些艺术效果。学习民间年画及民间艺术需要直面的课题，一方面，要学习木版年画、皮影、剪纸、刺绣、玩具、农民画等民间艺术，也要涉猎画像石之类的古代民间创作的艺术；另一方面，要深入到民间采风。目标就是在研究、吸收民间艺术的过程中有所创造，让年画连环画系的学生不仅可以创作多幅的连环画、组画、插画、年画，也可以创作独幅画，同时也能具有适应社会多方面需要的能力。

1986年，随着对民间美术教育的认识与实践的深化，年画连环画系改为民间美术系，原连环画专业保留，原年画专业扩大为民间美术专业。本科生学制4

年，研究生学制2~3年，在职进修生班学制1年。同时设立民间美术研究室，负责理论研究，编写有关民间美术著作与教材，并承担研究生的培养。当时，民间美术系有教师20余人，系主任杨先让，副系主任刘千、胡勃，民间美术工作室由吕胜中、李振球主持，连环画工作室由陈文骥、尤劲东主持，民间美术研究室（包括资料室、陈列室）由靳之林、冯真主持。在最初的专业设置方案中，原计划还另开两个附设工作室：丝印工作室、金属工作室。

循着年画连环画系的教学经验，改建后的民间美术系，连环画专业的教学方针不变，继续加强民间美术造型的学习研究，以拓展连环画的创作路径。民间美术专业的课程设置，除了学习西方造型与色彩课、中国画工笔白描、色彩写生，以及木版年画、剪纸造型的临变课，还要广泛研究学习其他诸多类别的民间美术的造型、色彩及艺术手法。想要真正获取民间美术的精髓，理论研究是重要教学内容之一，这是设立民间美术研究室的重要目的，有关民间美术的理论和创作，美术史、民间文学、民俗学、历史学、人类学、文艺心理学和考古学均在教学和研究范围之内[5]。

靳之林的《我国民间美术的造型体系》一文为民间美术系的教学提供了理论基础，其到民间去学习民间艺术的观念提供了实践指导，到民间生活中深入考察民俗，才能真正地感受、发掘与学习民间艺术，民间采风是掌握民间艺术造型体系和造型规律的课堂。民间美术系创立后，杨先让组织了黄河流域民间艺术田野考察之行，从实践上奠定了民间美术教学注重田野考察的教学模式，对后续的学科发展产生了深远影响。

1994年，民间美术系被改为民间美术研究室，由专业教学系转变为科研机构，从造型艺术体系的美术创作实践转向艺术学理论框架下的文化遗产学研究，其学科定位更凸显出学术性。2002年，以民间美术研究室为基础创建非物质文化遗产研究中心，顺应了时代发展的需要，民间美术专业实现了向非遗化转型，由此，开始拓展遗产学环境下民间美术的研究与保护的学科化道路。2004年，以美术史系、非物质文化遗产中心的师资为基础组建中央美术学院人文学院，并创建中国第一个文化遗产系，学科范围以视觉文化遗产为中心，涵盖了文化遗产的发现、发掘、研究、鉴定到保管、推广和修复的整个流程，形成融物质文化遗产和非物质文化遗产、传统精英艺术与传统民间艺术、西方文化遗产先进理念与传统文化宝贵经验为一体的鲜明特色。

文化遗产学系面向国内外招收本科、硕士、博士学位生和进修生，本科学制4年，硕博士学制3年。文化遗产学倡导在具体文化环境（空间）和人类历史传承（时间）双重视野中考察视觉文化遗产的价值、功能和意义，强调从艺术作品的视觉实物、相关文化观念和实际作用三个方面，培养学生相应的审美感受、文化传承、文化推广，以及实践操作方面的能力。人文学院文化遗产学系开设的课程有：(1) 专业课程：一、二年级开设基础课程，包括《艺术概论》《中国通史》《世界通史》《考古学概论》《中国美术史》《世界美术史》《历史文献学》《美学》《绘画基础》等。(2) 必修课程：三、四年级开设专业必修课和专业选修课，专业必修课包括《文化遗产学概论》《民间美术与非物质文化遗产学概论》《美术考学概论》《书画鉴定概论》《古代书画修复和临摹概论》《文化遗产田野考察与实践》等。专业选修课包括《文化遗产与民族艺术专题》《文化人类学》《美术博物馆学》《艺术学》《中国古代美术史研究专题》《世界美术史研究专题》《美术理论与美术批评专题》等。文化遗产学系的教学特点为：在艺术学的理论框架下，兼顾理论与实践的双重素养的训练。

在文化遗产学的课程教学体系的建构中，灌输了来自民间美术专业的田野与实践的理念，开设《文化遗产田野考察与实践》一课，形成文化遗产学系的学生一定要进行田野考察的实践惯例。非遗是有着时效意义的新兴专业领域，而理论研究要实践先行。多年来，以剪纸为例，一直坚持创作、教学与研究三位一体的深入实践。在课程设置方面，在文化遗产学系开设《非物质文化遗产与民间美术研究》专业基础课，面向全校开设公共选修课《中国民间剪纸语言研究与术实践》。在课堂教学之余，也展开了跨专业的剪纸工作的研习活动。通过不同的课程形式推动学院的多元化非传承实践。一方面，要掌握过硬的田野实践基本功，能调查，能做研究；另一方面，要掌握剪纸技艺，谙熟文化内涵，精通传统纹样，进而能够进行艺术创作。在剪纸教学中，乔晓光总结出“十样法”，精选晋陕甘地区的十种地域性民间剪纸代表纹样通过解读传统剪纸的文化背景，以认知造型规律掌握民间艺术语言，目的就是将理论研究与艺术实践相结合，促进学生的全方位发展。深入临摹传统剪纸作品，技艺要纯熟、文化内涵要熟识、同脉又不墨守成规、不拘泥于传统的范畴、开启头脑风暴大胆创新。从无到有，让学生能够从文化学的视角认知剪纸。历年教学成果颇丰，学生们积极进行临摹与创作，并且自主策划、筹备并举行作品展览。由此，实现了从教授到创作再到展示与传播的全面性的实践锻炼。这是中央美术学院对非遗与民间美术的核心教学目标。以田野实践为基本工作方式，以基础研究为宗旨，长期立足乡村社区，对剪纸这一颇具普遍性和多样性的中国非遗类型进行持续性地跟踪调查与个案研究，以此探究非遗的研究方法、保护机制，以及非遗作为大学课程的发展模式。中央美术学院的实践经验与学科理念得到了各国专家的认可。在日常学院教学与基础科研之余，中央美术学院也在探索非正规教育的研培模式。2015 年 7 月中旬，文化部与教育部联合启动“中国非物质文化遗产传承人群研修研习培训计划”工作，预示着培训计划全面展开。早在 2015 年 3—4 月份，文化部非物质文化遗产司率先与中央美术学院合作，先期开办了一期“非遗保护与现代生活—中青年非遗传承人交流实践活动”，作为试点探索研培计划的可行性模式，制定了详尽的课程标准，开展了实践交流活动，通过传承人与学院的双向互动，共同探讨传统技艺在当代生活中的传承和发展，为开展大范围的研修培训提供经验模式。同月，中央美术学院举办第二届“非遗保护与现代生活——中青年非遗传承人高级研修班”（简称“高研班”），总结首次研培经验与问题，并针对社区传承困境，提出了“知情、知艺、知辩”的“三知”理念。2016年4月，在云南昆明举行的“中国非物质文化遗产传承人群研修研习培训计划”各高校项目负责人及文化专管部门管理人员培训会议上，“三知”经验得到广泛认同，并成为研培计划推广的重要价值理念。在后续开办的“高研班”研培实践中，为了推进项目化培训模式的改进与深化，建立长期有效的研培机制，我们又提出培训工作“常态化、互动化、职业化”的“三化”理念，推进研培教育进入大学主体教育体系，逐渐形成长期有效可持续的教育机制。高校的职责不仅是推进学科建设、健全常规专业培养机制，也应该建立国民教育与终身教育机制。非遗可以成为惠及社会的文化与教育资源，如果非遗可以回归市井生活，也意味着回植到涵养其生长的土壤。目前，中国的美术学院教育在价值观念上，更倾向与国际接轨。在全球一体化的国际形势之下，学院教育应当探索多元文化教育的实践，与本土传统文化接轨，事实证明，大学是研习民族文化遗产的重要场域之一，而青年学生将成为民族文化遗产传承的新生力量。在持续的教育实践探索中，中国的美术学院一直不遗余力地推进学科建设与基础研究，带动社会对非遗的关注与认知，进而激发大学生乃至社会大众的自觉传承与文化使命。

4.4 甘肃省高校非遗培训的传承人群研培理念、模式与实践

4.4.1 首届非遗研培：课程模式的初步探索

2015年9月16日至10月10日，西北民族大学受文化部委托举办了全国首届研培计划的试点，即西北民族大学第一届“非遗高研班”，实际工作由西北民族大学美术学院和成人继续教育学院承担。西北民族大学美术学院立即成立研培课程组，负责课程设置、教学安排与统筹协调。高研班接收了来自省内各地的几十名中青年非遗传承人进入西北民族大学榆中校区，进行为期4周的研修交流，主要研修内容为砖雕、剪纸、木雕、唐卡4个工艺领域。

第1周，研培课程组邀请了非遗保护及民族艺术创作领域的领军专家、学者进行专题讲座，讲座内容大体涉及两部分：（1）涉及国家非遗政策、传承经验、研究成果的介绍；（2）围绕艺术家的个人艺术创作经验，介绍其对传统的认知、吸收和再创造。具体包括：牛乐，《中国非遗保护政策及现状》；靳之林，《中国本源文化与民族艺术发展》；吕品田，《中国非遗的活化及可持续传承发展》；孙

家钵，《中国古代雕塑艺术与艺术创作》。此外，利用甘肃省的文化资源优势，课程组安排了内容丰富的参观考察，包括甘肃省博物馆、甘南拉卜楞寺、临夏州砖雕工厂、天水麦积山石窟等[16]。

第 2 周，学员进入教室进行各领域的专业课程学习、研讨与考察，担任小组导师的分别是西北民族大学美术学院、历史学院、民族学教授教师等相对应的工作室分别为非遗中心、木雕、唐卡、砖雕等专业工作室。本周还邀请相应领域的国家级传承人进行示范和专题研讨。

第 3 周和第 4 周的研培课程围绕每一位学员的结业创作，进行大量的创作实操和讨论，每一位传承人学员最终完成的作品在 2015 年 10 月 10 日进行了结业展览和研讨会。最终，20 位传承人以不同的文化视角及各自非遗相关经验和阅历，向我们提供了切实的非遗传承实践信息。

以砖雕组为例，小组课程先通过对前来研修的 3 位中青年传承人进行详细的口述访谈，了解到民间砖雕在各地区传承过程中的生存现状及面临的问题，有针对性地引导中青年传承人突破传统局限，在砖雕创作中突出本土文化特色，设计出具有西北风格和文化特色的衍生产品。

西北民族大学的首次研培计划试点工作得到了文化部及各界相关部门的充分肯定，也探索出了研培计划全面广的基本可行性方案，确定培训由“教学—创作—展览”三个基本模块构成，教学阶段则由非遗领域课程讲座、国家级传承人示范研讨、工作室小组教学三部分组成。基本培训框架的建构为研培计划常态化、规范化地开展奠定了实践基础。

4.4.2 第二届非遗研培：新的研培理念的成形与实践

2016 年 7 月 16 日至 2016 年 8 月 17 日，西北民族大学第二届非遗高研班如期举行，此次研修立足于上一次的实践经验，继续利用学科优势，邀请来自剪纸、木雕、刺绣、唐卡等 4 个门类共 80 位优秀的中青年非遗传承人，带着已有的技艺与经验来到西北民族大学，与学院师生共同探讨非遗传承与发展的课题，旨在让中青年非遗传承人增强民族传统文化学习与实践创作，开拓艺术视野与文化传承，提升学院艺术创造能力与创意水准。

本次研修班尝试首次试点中摸索出的“教学—创作—展览”三阶段进行，并进一步开创性地提出了“打造成熟作品”的教学主题，该主题的确立和实践，不仅代表了西北民族大学对非遗研培模式的探索实践，也反映出时代对非遗传承人自我艺术修养与传承使命的时代诉求。

所谓“成熟作品”，即文化要掌握、技艺要精湛、发展要精研。文化要掌握，即非遗传承人首先要成为当地民族文化的内行和传播者，不仅要知道当地民俗文化和内涵，也要知道文化传承的情况，这也是技艺与精湛的基础和前提；技艺要精湛，即主要从非遗工艺技艺中的“艺”等层面进行学习、交流、切磋，倡导当代传承人要秉承和继承祖辈传人精湛的技艺水平，继承本专业技艺传承的代表性；发展要精研，即在继承文化的前提条件及基础上同时打磨技艺精湛之路，对甘肃省非遗传承与发展面向新时期契机，准确判读辩证地对待非遗传承与改革创新发展的可持续之路。落实到具体教学课程设置上，知情、精湛、精研分别对应前 3 周的教学课程。

第 1 周：文化要“知情”。主要通过邀请省内在非遗相关领域的著名专家学者进行讲座交流，普及非遗在国家政策和理论方法两方面的基础知识，配以外出参观的实践活动，使传承人一方面充分了解国家在非遗领域的政策导向，更重要的是，在理论与实践的双重启发下，让传承人意识到非遗门类背后的地域性文化，了解它的特殊性与重要性。不仅要知道民俗文化和禁忌，也要知道非遗传承的情况，做自身文化的“知情人”。非遗研培课程组对前来研培学习的几十多位传承人进行了问卷学习效果调查和口述采访，问卷和口述内容中，涉及非遗学习的方法，并从传承人家族背景、传统非遗专业水准、非遗传承谱系、职业状况、传承理念等多层面和不同维度地摸底调查。调查过程中，传承人普遍透露出对传统传承现状的担心，希望此次调查，一方面使接下来的研培课程准备更有针对性，也为今后培训模式的改革深化提供了数据支撑。另一方面，最终的数据也将作为我省中青年传承人的样本数据纳入国家非遗中心的学术研究中，这项工作也为研培的第 2 周启动课堂的田野调查做了前期摸底，课堂上的田野调查是此次研培中的开创性尝试，给予那些文化与传统知情的重点传承人足够关注，牛乐教授带领非遗培训中心的教师、研究生及博士生对传承人进行深入的口述调查。

第 2 周：技艺要“精湛”。本周课程主要涉及的内容有邀请各小组本专业领域中省级非遗传承大师进行教学示范、学员交流、指导学生等方式方法，引导研培课程中的传承人向大师学习专业领域的技术经验及文化内核，力求提高学员对各自非遗专业领域的感悟和学习，使传承人在传统技艺水平上向老一辈传承人看齐；另外，传承人走进高校工作室，介绍本门类的非遗技艺与文化知识，展开丰富的交流与互动，并与导师就本门类的技艺基本功及传承中的具体问题展开讨论。7 月 25 日下午，“非遗传人进校园”活动之“非遗大师携中青年传承人技艺展示”在西北民族大学学术报告厅顺利举办。2 位专家与大师、小组导师及 80 位传承人参加了这次活动，牛乐教授担任活动主持。这次活动面向全校开展，不仅给予 80 位传承人一次集体交流切磋的机会，更重要的是利用本次研修班的契机，通过面向全校的文化交流活动，让非遗资源进入大学校园文化生活，探索艺术类院校与本土非遗资源的对接方式。

第 3 周：发展要“精研”。课程主题为“精研”，即在面对非遗发展的新时期，传承人面对传统与现代的碰撞要有辩证的认识和态度，在此基础上架起非遗通向艺术和生活的桥梁。首先安排了丰富的小组特色课程，例如：非遗研究中心博士生董菲菲为剪纸组传承人介绍了其他省非遗保护的政策机制，此外剪纸组还安排了《文化创意、产品设计分析》《西北民大美术学院剪纸工作室的教学经验与创意作品》等课程。小组创作课结束后，学员需要结合前两周的学习与交流经验，提出创作方案，与导师讨论具体实施办法和作品呈现方式，学习艺术创作与产品开发的方法，与导师交流互动，寻找非遗与现代生活结合的创意点。课余时间，课程组还将非遗传承人请上大学讲台，邀请甘肃文县藏族“池哥昼”传承人班杰军为非遗研修班的师生讲解非遗技艺与文化传统，分享作为非遗传承人对传承使命的思考，将鲜活生动的非遗案例引入大学课堂。

第 4 周：展览与研讨。2016 年 8 月 15 日，展览开幕，当天还举办了结业仪式和研讨会。时任文化部副部长对西北民族大学的研培工作给予充分的肯定，并表示要将西北民族大学研培的成功经验纳入文化部“中青年非遗传承人研修研习培训计划”的工作指南中，把西北民族大学的培训作为样本在全国进行推广。

4.4.3 第 3—6 届研培：探索长效的研培教育机制

第 3—6 期研培工作分别于 2017 年 5 月 30 日—6 月 4 日、2018 年 5 月 31 日—6 月 24 日、2019 年 11 月 5 日—12 月 3 日、2020 年 9 月 26 日—10 月 24 日成功举办。

基于往期培训的成功经验和出现的问题与不足，第 3—6 期高研班将继续推进项目化培训模式的改进与深化，建设长期有效的研培机制。探索培训工作的“常态化、互动化、职业化”的“三化”教学模式，让研培教育进入高校教育主体体系中，逐渐形成长期有效、可持续的教育机制。

具体落实到课程安排上，第 3—6 期高研班的培训周期基本为 4—5 周，创作周期为 3 个阶段，课程分别划分为文化遗产通识课程、各非遗专业之间的学科互动、专业艺术实践活动、创新创意课程、非遗展览研讨等五大模块，通过周期性地研习、研修、交流与创作，以实现培训的预期目标与理想效果，旨在拓宽研培计划的深度和广度，将研培与大学教育建立可持续的联络与互动。

4.5 大学与非遗的互动模式

在国家政策的推行和倡导下，开展非遗传承人群研习培训计划，使大学和非遗联系起来，这是大学教育和非遗文化传承发生关联的契机。当下许多非遗传承相关复杂的社会问题也潜移默化表现在研培工作中，譬如非遗传承人群年龄结构不合理、传承人群没有形成阶梯状、传统的流变，以及文化不可持续传承等问题都成为研培工作的焦点。大学教育如何立足于国家推动的非遗传承保护事业中去，如何使非遗与大学教育有效结合，使其各自发挥更积极有效的社会作用，这些相关问题已经被提到了研究探讨议事的日程上来。2015 年 11 月，联合国教科文组织在曼谷召开了亚太地区非物质文化遗产研究生学位课程发展区域论坛。探讨了大学教授非遗课程时间，同时教科文组织强调大学对区域性非遗保护的作用，对非遗的尊重及关注，以及大学教育对维护亚太地区文化与语言多样性的作用，前来参会的亚太地区高校对此类问题进行了分享和讨论，并就高校如何进一步推进本区域的非遗活动保护提出了新的思路建构及理念，大学教育基本代表了一个国家主流文化的知识体系的发展方向及目标，非遗教育移至高校也从侧面反映出一个国家对待文化遗产等相关专业领域上的认知、研究与创造的能力。作为带动国家新生力量的集聚地，本土文化的认知与认同，以及在相关非遗知识学科领域的基础研究与专业实践能力也代表着国家对非遗重视和未来发展的决心[17]。

4.5.1 高校文化遗产相关学科建设相对滞后

非遗进入大学校园、大学走进非遗社区实质是双向互补的两方面，从这个意义上来看，高校非遗相关学科的建设是滞后的。研培过程也是拓展非遗学科专业发展在高校的学习过程，因此，研培项目的成功开展也给高校的文化遗产相关学科的建设问题提出了新要求。甘肃省非遗研培项目的成功开展，离不开多年的民间美术田野研究与专业教学经验，尤其是对砖雕、唐卡这一项非遗门类长期、专业的追踪和普查，这为研培计划中各个项目的开展奠定了重要的基础。而对于其他参与研培计划的非遗门类，无论传承人学员还是小组导师，都表示出了对高校非学科建设的期待。综上所述，培训最本质的就是推动民族内部文化的整合，在新旧交替、新老交替的时代，如果没有学科理论和技术支持，仅仅将非遗传承作为短期的项目只会让培训陷入被动。

4.5.2 让高校研培走向“常态化、互动化、职业化”

为继续推进非遗研培项目培训机制及模式的改进与深化，建设非遗与大学教育之间一个周期性且高效的研培机制，西北民族大学提出了“常态化、互动化、职业化”为目标的教学模式：

(1)“常态化”，让非遗培训不能仅仅存在于常规教学之外的项目化机制中，使其能够进入学校的日常教学主体，形成一种长效机制，能够让非遗教学成为可持续的教育教学周期。

(2)“互动化”，非遗培训所涉及的教学课程，不能只成为单向的学院知识传授与学习活动，一定力争把非遗知识体系与学院知识体系进行互动共生，互助传播，让传承学习更加灵活多变，让传承更具活力表现。

(3) “职业化”，根据非遗传承类型培养人才，应符合市场及职业化需求，避免培训的单一化和美术化倾向，非遗传承有其自身的特殊性，传承者是匠艺传承的职业行为，需要匠艺具有职业操守和技艺修行，如何提升传承人对非遗文化传统的认知与文化持有水平，并且在拓宽传承人文化艺术视野和增强文化传承的秉持与创造能力是目标的设定与核心行为，希望传承人能够成为国家文化传承发展的带头人。

致力于构建“三化”的发展目标及工作模式，目的是让研培计划进入高校教育主体体系，并且逐渐形成长期有效、可持续的教育机制[18]。

4.5.3 非遗传人进校园

“非遗传人进校园”活动从第一期高研班开始，已成为每期必办的常态活动，逐渐成为西北民族大学校园文化生活中备受欢迎的品牌活动。在进校园活动中，传承人通过向学院师生现场表演、现场讲授。将非遗手艺与民俗文化带入高校的校园文化生活。“非遗进校园”系列活动的承办与参与，无形中使传承人和大学生建立了良性的互动关系，也是传承人给高校学生上的珍贵一课；另外，该活动也拓宽了传承人思维，增强了他们对于自身本地域特征非物质文化遗产的文化知识认同感和自信心。当研培传人回到所在地区及单位，来自高校交流的灵感体会也将成为他艺术创作之路的独特灵感。

4.5.4 从课堂到社区的常态化回访

研培工作中，中央美术学院课堂上开展了田野的深度访谈，组织中央美术学院非遗中心研究生对传承人进行口述采访，记录传承人生活中文化传承的故事，了解乡村文化传承现状，这是培训工作深入完善不可缺少的前提基础。传承人与非遗文化的缘分和故事深深地打动了大学生，更让中央美术学院对非遗技艺与文化社区的关系和现状更加“知情”。2015 年 12 月 13 日，“央美非遗中心”微信公众平台推送了《白马藏族木雕传承人班杰军》一文，展现了部分“课堂上的田野”调查成果，介绍了白马社区“池哥昼”民俗及参与第二期研修班的传承人班杰军的境况及传承理念。2016 年 2 月 18 日至 2 月 24 日（即农历正月十一至正月十七），恰逢白马人最盛大的祭祀民俗活动，非遗中心田野调查小组一行三人（董永俊、张冬萍、邹丰阳）来到了班杰军的家乡。通过深入传承人社区的回访调研，重新认识了传承与社区的关系。调查小组不仅看到了班杰军家乡非遗传承的现状及现实问题，也引发了大家对培训新的思考。此次回访是中央美术学院深化研培课程模式的重要尝试。此举具有开拓性，并对文化部的后续培训工作思路产生了重要影响。回访调研让高校了解并介入社区，具体地发现社区传承发展与实践的主题。2016 年暑假，距离中央美术学院第一次回访结束半年后，文化部非遗司向全国参与研培计划的高校发布“关于请‘中国非物质文化遗产传承人群研修研习培训计划’参与高校利用暑假安排回访学员的函”，将中央美术学院走进社区的经验全面推广。在文化部的大力支持下，中央美术学院又组织9支回访队伍回访历届学员10余人。通过深入社区的回访与考察，我们认为，高校的非遗工作不能仅仅立足于提高传承人的创新与创收能力，更应该深入到根本层面，提高传承人的总体认知与文化自信，激发传承热情，通过全面的研修计划，推动非遗的可持续活态保存，让传承更加传统。以社区为本的研培计划，应当建立在非遗文化本体可持续的价值基础上。把非遗作为资源向衍生品的延伸与创新实践，同样需要有源自文化遗产灵感的文化原创精神，这也是我们建立本土艺术信念和文化创造的必修之课。

4.5.5　让非遗艺术照亮生活开启启蒙教育

从第三期培训开始，西北民族大学开始尝试将研培工作与校内选修课相结合。以往的研培主要针对传承人进行，经过几年的学习总结，我们将在校大学生、研究生加入研培计划内，与传承人“一对一”进行学习交流互动，传承人进入各专业工作室后，也带学生进入社区；到最后的结业展览中，还将引入学生、老师、非遗传承人联合创作的作品。研培与专业教学的结合，让传承人进入课堂教学，让大学生了解、认知、研习、实践、传承非物质文化遗产，让传承人与大学生在交流互动的过程中碰撞出、设计衍生与艺术创作的灵感火花。一方面，传承人在掌握并熟知传统技艺与文化记忆的基础上，受到年轻而有活力的创意启发，进行传统手工艺的现代化探索；另一方面，大学生增加了在民族文化遗产方面的认知，在此基础上可以进行具有文化传承意义的非遗设计衍生与艺术创作探索。大学将是非遗传承、保护与研究工作的大势所趋，在研培工作中，让传承人带领大学生进社区，在社区中，让学生学习非遗的传统工艺与技术。由此逐渐形成可行的操作模式，逐步推进大学与社区的良性互动，让大学教育开始正视并面向非遗开展体验与实践。

4.5.6　研修成果展示

在西北民族大学举办的几期非遗研培中，最后的成果创作展往往是最引人瞩目的环节。前两期的展览紧扣研培课程思路及授课理念，着重展现了中青年传承人本民族社区的技艺经验与文化传统，同时，创作板块也体现了与美术学院师生对本领域的传承和可持续问题进行的积极探索与思考。各小组导师在此环节充分也考虑到了各位传承人及各非遗门类自身的特点，给予了不同的辅导与建议，也使创作部分的展览呈现了多种多样的形式，无论是衍生品的尝试，还是对传统作品进行等比例微缩的技术实验，或者通过对不同流派技术与风格的比较学习，更明晰和自觉地在作品中体现本流派的优势特征等，都是从不同的角度尝试在文化新旧交替的渐变、突变过程中，为非遗传承的可持续寻找适应社会发展的途径与方法，寻找传承与发展的新方式[19]。

4.6 高校教学融入非遗项目的探索路径

4.6.1 非遗研培教学课程内容的补充和经验的累积

从 2015 年与西北民族大学开始非遗研培授课所积累的教学经验上看，在研培中一定要根据不同的专业项目，为其开设针对性较强的培训课程。例如，在砖雕培训班及洮砚培训班，学校教学计划中都针对性地开设了绘画构图课程，构图学在西方美术教学体系中是必不可少的一门专业美术教程，课程中所涉及的知识面及绘画学科知识点十分宽泛，经过多年的教学基础，其课程已经具有一套合理完整的教学知识流程。传承非遗的民间艺术家们基本上从没有接受到过高校学院式美术教育训练，他们的美学知识及绘画能力基本是老师傅的口传心授，加上后天自己刻苦练习并且熟练掌握的方式，在他们制作的非遗艺术作品中能够看到大规模的模板化、拷贝化、复制化，作品重复比较普遍，甚至在表现不同作品意境时传承人也不会根据作品内容的变化调整出相应的艺术审美，基本按一个方法或思路进行刻画作品创作，从作品的创新性和创意上并没有更高升华。传统的学习模式需要重新定义和改进。通过几年的跟踪和非遗培训课程进行授课的内容上看，学员们通过培训授课中老师提供大量的美术资料和图片中获取更多新鲜绘画元素血液，同时开拓他们的艺术创作思路及美学审美能力，学员们也根据课堂中的教学内容及时反思得以成熟的作品和创作方案。在作品中认真思考借鉴西方美术教学体系的系统性知识，寻求艺术作品创新元素和创作突破口。培训内容中学习了解西方美术的构图思想并参考借鉴许多西方美术的成熟作品，课外之余民间艺术家们尝试探索新知识点并积极应用到自身新创作的艺术作品中去，这种互通、互学的模式能够让非遗培训课程形成一种学科知识间交叉互动的探索学习新形式。

在甘肃省非遗培训时开设了美院式教学的相关基础课程，如素描、色彩、构图等。素描基础课程作为学习西方美术专业的敲门砖，是认识学习西洋美术的第一步。学习素描课程之精髓所在是掌握并了解造型语言空间的基本内容。在非遗培训中上课时我们发现许多传承人并未接受过甚至听过完整的素描教程训练。但在传承人所制作创作的工艺品中可以看出他们处处运用到西方美学的造型知识及造型塑造方法，这种看似巧合的结合与西方艺术产生的关联，但并没有使传承人创作的作品达到与西方艺术造型中所体现的高度，作品中普遍存在似是而非的特征和缺陷。可以看出传承人的作品中总是离自己所追求的“完美”及理想中的形态，保持了一定的距离，而这种距离的缺失就存在于学员们对造型基础课程的练习及训练。所以高校研培课程中美学教学内容的加入，弥补了学员们造型基础理论和实践缺失。

4.6.2 非遗各专业之间的合作交流及互通联系

西北民族大学每一期非遗研培基本开设4~5个培训班级。在2015年第一期的培训中，所参与的研培专业班级有砖雕、刺绣、唐卡、剪纸。2016年第二期的开设内容就有了新的调整变化，开设课程专业班级有洮砚、唐卡、剪纸、刺绣。在几年非遗培训课程学习中可以发现非遗培训带给这些不同领域的学科专业，搭建了一个无形的展示平台、交流平台、互动互通专业的学习机会。如在洮砚班的培训学习中，非遗培训之前当地政府或代理机构每年组织不定期的具有一定规模或形式的洮砚交流平台学习机会，例如展销会等。在研培中许多非遗民间传承人通过展销等活动的参与，结识并认知了同行之间的艺术作品，非遗工艺家们在展销会这种具有组织形式的局限性的活动中并没有产生互动和交流学习。而通过举办地方性非遗培训计划，非遗传承人们不但交流了学科知识，并且学习对比了同行之间的艺术作品。而且在培训中，结识了本专业或项目里行业中的领军人物或艺术大师，更加可贵之处在于培训期间，他们同吃同住，一起生活学习，增进了许多课程之外的朋友之情。客观创造出来的条件因素，促成了学员们更加直接和便捷地互动学习。培训班授课期间非遗所搭建的学术平台让各专业的名家或业界领路者走上讲台，以上课的方式给学员们教授专业经验及艺术心路。例如，甘肃著名的洮砚传承人李江平就在非遗培训中与学员们互动交流也参加培训课程，这种教与授的学习模式只属于非遗培训班中构建组成。另外，高校专业课程教授教师虽对本专业知识具备了熟练的知识内容储备和应用能力，但对于培训不同专业不同非遗传承艺术家们，大多数教师仍然存在对其培训对象的知识内容缺乏了解和认知。而培训中所搭建的学习平台，也使高校培训教师学习和掌握了讲授和授课中学员们包含的专业领域知识，同时研培中高校教师运用自己的专业艺术知识，尝试加载结合非遗专业领域，共同与学员们一起完成高质量创作，尝试给予作品在创新和创意上提供艺术思路，使其在培训结束之后学员们能够利用所学内容创作出更好的艺术作品。

4.6.3 学科间艺术平台的搭建

由于培训机制的特殊学习方式，在一定的时间和一定的范围内，许多专业类型的学员们同吃同住，在一个空间之内生活。这样的学习方式直接使学员们参与了许多艺术交流活动的计划中，也使得各传承人对其专业的传承方式得以学习和借鉴，同时对各专业所在的艺术平台进行了深入了解及展示，非遗培训中也增添了许多当初未曾设想或计划的额外收获。其中在一期的培训中，组织开设的几个大专业班级，这些不同专业和学科的学员们通过培训产生了多彩的良性互动，并不单纯局限在专业领域的合作交流。例如，一些非遗传承人有自己的艺术品公司，或者艺术品代理机构。在培训中他们互相学习欣赏各专业领域的作品，并且直接建立了生产销售的合作方式和机制，这样的交流形式和合作机制都属于未曾设计过的内容。所以平台的搭建对于非遗的保护和交流起到了许多良性积极的作用[20]。

如何使非遗融入高等教育的模式研究并助力于构建地方高校全局化教育培养模式，积极发挥地方高校在我国高等教育中的作用十分重要。根据国务院教育改革和发展纲要的精神，结合地方高校自身发展的条件，从地方高校的定位与发展、教师队伍建设、现代化治理、社会服务、国家交流合作、办学环境等方面对非遗融入高校教育模式的构建进行分析，提出要在以学生为本的教育教学思想指导下，制订培养方案，结合地方经济社会发展需要，合理实施分流教育，注重综合素质培养，为地方经济社会发展培养高素质、复合型应用人才。非遗在地方高校及高等教育的发展中受到历史、区域、政策及自身发展的各方面条件局限，始终处于一个相对弱势的位置。非遗在高校及高等教育中如何定位，如何充分发挥人才培养、科学研究的优势，如何积极拓展社会服务功能，培养大批适应性强的高素质人才，对地区经济增长产生驱动作用，不仅是地方高校自身发展的重要问题，也成为影响和制约区域经济、教育和社会发展的关键问题。地方高校必须积极使非遗专业及新型专业融入高等教育，抓住机遇，紧紧围绕地方和整个区域经济社会发展目标，以地区经济结构、产业结构、就业结构为导向，调整办学思路，坚持科学发展，提升质量、发掘特色，合理定位发展目标和人才培养目标，调整人才培养专业结构，优化人才培养模式，深化教育教学改革，注重学生综合素质培养，不断提高毕业生的社会适应能力和创新能力。

5 甘肃省高等教育融入非遗路径探索

5.1 甘肃省非遗融入地方高校课程开发的可行性分析

5.1.1 非遗与文化的相关性

5.1.1.1 非遗体现出文化的延续性、多样性

非遗文化是老祖宗流传下来的乡土文化，所以非物质文化遗产也是社会文化遗传的产物之一，更是人类社会中保存留传下来的文化精髓，同时也客观反映了民族发展中的文化基因，在文化时间维度上具有延续性。正是非物质文化遗产的文化延续性，才使得中国非物质文化遗产在中国古老的民族国度内不断绵延、存续，使之成为世界文化史中的一颗璀璨之星。今天国家社会保护文化的多样性就是保护不同国家的每一种文化的完整性、进步性与传承性。我国非物质文化遗产种类庞大、繁多，并且分布地域广泛、存续年代不一，侧面表现出中华民族文化博大与精深，也彰显出中华民族文化的多样性与活力值[21]。

5.1.1.2 非遗传承有助于文化的发展与创新

人类的发展史包含文化发展的历史，非物质文化遗产是人类发展的一面旗帜，而中国非物质文化遗产是我国当代文化发展与创新的重要基石和动力源泉，传承非物质文化遗产也是我国当代文化建设必经之路，也是我国发展文化事业的重要战略方针。综上所述，非物质文化遗产是文化存续的印记，是文化发展多样性的表现，是国家社会文化发展与创新的积淀，现今挖掘非物质文化遗产的价值，也是保护、传承非物质文化遗产的路径，并且能够实现当代文化发展的重要举措。

5.1.2 文化与课程的关联

5.1.2.1 文化

“文化”一词来源于拉丁语“cultura”，原指开垦、耕作土地，以及栽培植物，而中国的“文化”则最初见于《周易》中“关乎人文，以化成天下”的表述。对文化的学术定义，不同的学者从不同的角度给出了解释。如被誉为“人类学之父”的英国学者泰勒，从描述性的角度指出，所谓文化，就其民族意义来说，是包括知识、信仰、道德、艺术、法律、习惯，以及社会成员所获得的种种

能力在内的复合体。他虽然没有将物质文化列入其中，但在其著作——《原始文化》的其他地方多次提到物质文化；“文化是一种社会性遗产”，这是林顿从历史角度看待文化的结果。为提出关于文化认识研究的新视角，我们认为，文化不是单一属性的客观既有存在，而是人类历史活动中的产物，也是人类在突破自我、改造自我、为适应自然世界和社会过程中所形成文化集合。其中包括：物质文化、制度文化、精神文化等集合，随着时间的拉长这些文化集合中的内容会随着历史发展衰落或消亡，也可能继续发展，这样的结果也是人类有目的、有意识改造世界的客观结果，同时也是人类实践活动的主观指引。总之，文化是人类实践活动过程与结果的统一。

5.1.2.2 课程

课程一词最早出现在英国教育家斯宾塞所著的《什么知识最有价值》一书中，它源于拉丁语“currere”，有名词、动词两种词性，其中名词义为“跑道”，动词义为“奔跑”，具体到课程就是指为学生设计的学习内容或学生对学习内容的自我重构。而在我国，课程一词最早见于唐朝孔颖达为“奕寝庙，君子作之”所作的注释“维护课程，必君子监之，乃依法制”中。很明显，当时的课程与如今的课程含义相去甚远。现今我们将课程看成是一个静态与动态相统一的过程。总的来说，课程是国家、地方、学校为达到教育目标而进行的一系列教学活动的总和，其中宏观主体是国家、地方、学校课程的实施，而微观主体是教师与学生开展课程的形式，课程实施只是代表课程进程中的一个方面，除此之外，它还包括许多内容，如课程规划、课程评价、课程调整等，同时课程具有静态的表现结果，如教案、教学大纲、教学参考书等。

5.1.2.3 文化与课程的关系

A 社会学阐释文化与课程关系

有关课程与文化的关系社会学论述，可追溯至19世纪英国社会学家斯宾塞有关“什么知识最有价值”的发问，他指出科学是解释过去和现在的生活，以及公民能够合理调节其行为的必不可少的钥匙，同样，为了智慧、道德、宗教训练的目的，最有效的学习也是科学。这就指出科学知识是最有价值的文化，科学知识是学校课程中最有价值的内容，对课程研究具有里程碑的意义。英国课程理论专家劳顿在1983年出版的《课程研究与教育规划》中认为，课程不可能价值无涉，不同的价值系统或思想会产生不同的课程，即使是纯科学知识也要接受社会文化选择之后才能进入课程。以上斯宾塞和劳顿的观点是对课程中文化内容的宏观选择。其他国外研究者则从课程的文化功能方面解释了两者的相关性。法国社会学家布迪厄将文化资本理论用于教育研究，认为课程是一种“文化资本”，学历证书和学业成绩单是学生占有文化资本水平的凭证，这种观点也强调了课程的工具属性。

B 教育文化学阐释文化与课程的关系

我国学者多从教育文化学角度阐释课程与文化的关系，郑金洲博士认为，课程是一种特定的文化现象，它既体现一定社会群体的文化，又具有自身的文化特征，是文化载体和文化形式的统一。所以说课程本身就是一种特定的文化形式是因为它不仅是文化传统的产物，而且具有区别于其他文化材料的特征。黄忠敬对基础教育课程文化的研究表明，基础教育课程体现着主流文化，存在着性别、阶层、种族、民族偏见等，课程建设应尽量避免这些偏见，走向多元的课程文化。

C 阐释有关课程与文化的关系

上述论述我们可以明确，课程与文化都是稳定发展过程与结果的统一体现。而结果又是过程的延续产物，所以我们尝试吸收教育学家对文化与课程关系的论述，并在论述的精华基础上，构建一个动态的过程来解释文化与课程的关系，实现课程与文化关系的新认知。

第一，课程是文化发展的产物。从课程作为学校教育的基本形式的起源看，课程的建立是在发达文化水平基础上出现的，如果没有丰富的文化积淀，不可能通过学校课程进行育人的行为，随之才有通过课程进行文化传播的需要，从上述层面来看，文化与课程是实体与工具的关系。从内容上看，课程内容的唯一直接来源途径是文化，就课程本体而言，课程是一种文化的输出，在教育规范的亚文化中，文化是不可缺少的具体制度性与规范性的工具，同时课程具有实物性工具和其他制度性、规范性的工具共同构成文化统一的整体，所以说文化与课程是整体与局部的关系。

第二，文化影响课程的发展。课程是一个受多种因素影响的内在组织整体，其中包括：课程规划、课程实施、课程评价、课程调整等，课程开展中的每个阶段离不开文化因子对其的影响。

第三，课程通过对文化进行选择，实现文化的再生。课程不是简单地进行复制粘贴，需要在内容中再现文化，它必须有目的地对文化资源进行选择与筛选，将文化中的精华与时代发展相符内容充实到课程中，这种运用不是简单的空间变化，而是符合时代发展的思维集成，也会将无序的、有序的、有教育意义的、有文化精华的整合成为适合教师学生开展教学活动的课程文化。同时，课程应对人起到教育作用，实现人们对文化的再理解、再认识、再解读，使文化从纸本上的意识中重新回归到现实世界，让文化生命继续运动发展并且再生。从这个意义上说，课程代表了传播、传承、发展、创新优秀文化的功能，并进一步实现了文化发展。

5.1.3 非遗与课程的相关性

5.1.3.1 将非遗文化引入课程是自身发展的需要

国际国内面对着全球化、市场化、现代化的发展形势，我国非物质文化遗产由于各种文化生态环境的变化而变化，陷入了普遍存在的消失消亡的风险中。在调查过程中发现，许多非物质文化遗产未留下任何档案资料就已经不复存在了，非常可惜，这也导致相应的文化谱系因此断裂，而作为我国各民族身份、属性、文化认同标志的非物质遗产文化是华夏民族文化延续性的体现，选择其中具有时代性、教育性的文化因子因地制宜地纳入学校课程，并且主观地通过社会干预性的传承方式，让非物质文化遗产在学校的实践教育中和学生的生活中再现活力与张力，充分展现出非物质文化遗产的现代教育价值意义，这是文化遗产可持续发展的现实需要。

5.1.3.2 将非遗引入课程教育是新理念的体现

20 世纪 70 年代以来，西方教育科学领域发生了重要的范式转换，即由探究普适性的教育规律转向寻求情景化的教育意义，倡导课程应从知识形态转向生命形态，这种旨在回归学生生活世界的课程强调通过反思性和创造性实践探寻人生意义并获得学生生命的内在力量。非物质文化遗产是生活属性与地域属性中人们在历史的发展过程中积累、留传下来的，它的意义在于对学生现在的生活世界乃至未来的生活世界都有着潜移默化的影响。所以将非物质文化遗产引入学生教学课程，让学生在对当地非物质文化遗产的了解、体验、反思和探究中感受历史文化的光辉，并迸发出对家乡、乡土生活体味的现实感。

总之，现实与理论的要求是我们将非物质文化遗产与课程相联系的动因，而将非物质文化遗产引入课程也是传承、实施、新课程理念的全新教育探索[22]。

5.2 甘肃省非遗融入地方高等院校课程的分析

将甘肃非物质文化遗产引入地方高等教育课程开发，具有理论、现实的可行性，具体来说包括以下几个方面。

5.2.1 理论层面的分析

5.2.1.1 多元一体化教育理论

费孝通在对人类学、考古学、历史学等学科进行长期研究的基础上，于 1988 年在泰纳演讲会上提出了“中华民族多元一体格局”的理论，这一思想不仅推动了民族研究的发展而且引起了民族教育界的重视，中央民族大学滕星教授在对国内外民族教育理论及多元文化教育理论深入研究并结合我国国情的基础上也适时提出了“多元文化整合教育理论”，也称“多元一体化教育理论”。甘肃省非物质文化遗产作为以民族为主体的少数民族优秀传统文化内容，应该通过地方高等教育课程的开发向世人传递民族丰富多彩的地域文化和风土人情与文化属性中的内涵价值意义。

5.2.1.2 内在发展的观点

心理学中的发展理论指："内在的发展可以看成是一个唤醒的过程，一个激发社会大多数成员创造力量的过程，一个释放社会大多数成员个体作用的过程。"所以重视本地区本地域已有的知识资源内容及体系，并且进一步提高本地区知识的生产能力才能逐步实现这一变化过程。另外，20 世纪 80 年代这一新的发展模式在联合国教科文组织的推动下，对世界及多边文化的发展过程进行认真思考后明确提出了"内在发展"，这有别于传统且依赖于外在因素的发展模式，它强调"人们不能被发展，只能发展他们自己"，这种发展理念也从侧面显示了内在已有资源对发展的力量不容忽视。甘肃省非物质文化遗产属于中国非物质文化遗产大家庭中独具风格的瑰宝，不能随时代的发展淹没在历史的进程中，而应结合现有的社会力量，实现甘肃省非物质文化遗产本体及其所滋养下的人民内在的发展。

5.2.1.3 多元智力理论

美国哈佛大学教授、著名心理学家加德纳在其 1983 年出版的《智力的结构》一书中提出"多元智力理论"。理论的核心指出：智力是由多层面和多要素组成的，不是一种能力而是一组能力。人类拥有语言智能、数学逻辑智能、空间智能、音乐智能、身体运动智能、人际关系智能、自我认知智能等 7 种智能组成。甘肃省非物质文化遗产门类众多，加之当地高校的学生对所生活地域的文化有很强的认同感，所以必须深挖甘肃省非遗在现代场域的活化性，让多元智力理论以非遗为钥匙开发当地学生的多元智能。

5.2.1.4 建构主义的观点

皮亚杰是建构主义观点概括地说，建构主义强调学生学习环境中的情景要有利于学生对所学内容的意义建构，要把当前学习内容所反映的事物尽量和学生已经知道的事物相联系，也就是说知识是经验的合理化，并与学生的经验紧密结合，学生生活密切相关的地域文化和乡土文化则直接为授学者建构知识提供丰富经验，这样才能引起学习者有意义的学习价值。甘肃省丰富多彩的地域民族文化是构建生活学习知识的必要土壤，非遗文化知识不能缺少这一深层土壤的灌溉，如果缺失或者不完整的授教，学生在学校所建构起来的非遗知识就缺少了社会的现实性，也很难实现知识的社会性。

5.2.1.5 后现代知识的观点

后现代知识观认为："人类文化的多样性决定了人类知识形态的多样性，人类知识形态的多样性意味着多种知识拥有同等的生存权利，应该得到同等的尊重和认同。"非遗作为人类多样知识形态中的一种，其特殊性和唯一性与地方属性知识必须在地方场域的文化框架内才能得到理解，它只有在地方人民不断使用的过程中才能得到传承与发展。甘肃省非物质文化遗产是甘肃乃至中华民族文化中的必不可少的一部分，将甘肃非物质文化遗产的保护传承与甘肃地方高等教育课程的实践相结合，让甘肃非物质文化遗产在地方高等教育课程的开发中得到使用，重新唤醒民族文化的生命也是每一个具有国家情怀教育工作者应有的意识与担当。

5.2.2 现实层面的分析

我国国内教育将非遗引入高等教育课程的成功实践，以及甘肃省非物质文化遗产本身具有的教育价值为非遗顺利进入地方高等教育课程提供了现实上的可行性。

5.2.2.1 非遗进入地方高等教育课程的现实需要

我国非物质文化遗产在学校教育中的传承实践主要集中出现在高等教育阶段，如兰州职业技术学院的非遗学院，西藏大学艺术学院里设有藏族绘画、藏戏表演专业，云南艺术学院工业设计专业的传承民间的工艺，河南师范大学中开设的音乐类非遗课程，青海民族大学中热贡唐卡专业等。同时，非物质文化遗产在中小学阶段的教育探索也不在少数，如山东淄博市一些小学将蹴鞠、磁村花鼓、九宫八卦斩穴拳等引入校本课程；宁夏灵武区地方课程开发的实践，宁夏一些中小学将花儿、口弦、穆林扇、回族踏脚、杨家拳、回族剪纸等引入校本课程、学科教学、综合实践活动等课程形态。总之，现阶段国内许多地方、学校、学段都已经对非物质文化遗产进行活态化的课程探索，这也为甘肃省非物质文化遗产进入地方高等教育课程模式的探索提供了现实指导意义。

5.2.2.2 甘肃非遗进入地方高等教育课程的现实分析

在地方高等教育课程中对民族民间传统文学作品、风土习俗、节庆礼仪、医药等非遗类相关知识进行学习，这些知识的学习会让学生认知其生活地域民族民间人民的生存智慧、人文历史、科学技术等特征，人文精神和理性精神的传统回溯能够激发学生对乡土家国的情怀，并且提升了民族自豪感和自信心，坚定学生建设家乡回馈社会的动力。同时，对民族传统美术（包括绘画、雕刻、建筑、图案艺术）、民族传统音乐进行地方高等教育课程开发与探索，也会加强学生对民族艺术的感知力、观察力、想象力、动手能力；培养学生发现美、感受美、创造美的审美意识，也能够激起学生对本民族传统文化的热情，还能够丰富学生的校园文化生活实践活动。另外，甘肃省非物质文化遗产中包含了大量传统伦理道德，高等教学的参与也增加了对这些内容进行的开发，促进社会环境净化，促进人与人、人与自然、人与社会的和谐统一，而且能够增强民族内部、各民族间的团结友爱。最终使学生能够清晰地认识甘肃省非物质文化遗产相关内容，把握未来时代的主体。学生能够作为社会文化交流传播的种子，进而培养学生的跨民族跨文化交际能力，让甘肃非物质文化遗产在更长的时间内、更广的地域中、更大的群体内逐步显现其独特的魅力。综上所述，甘肃非物质文化遗产丰富的教育价值满足了地方高等学校教育内容的现实要求。

5.2.3 政策层面的分析

2005年，国务院办公厅《关于加强我国非物质文化遗产保护工作的意见》中提出："教育部门和各级各类学校要将优秀的、体现民族精神与民族特色的非物质文化遗产内容编入有关教材，开展教学活动。"2006年，《非物质文化遗产教育宣言》中阐明，少数民族地区在国家九年义务教育的推广中应当加强本土非物质文化遗产的传承认知。2011年2月25日，经第十一届全国人民代表大会常务委员会第十九次会议通过的《中华人民共和国非物质文化遗产法》中规定，学校应当按照国务院教育主管部门的规定，开展相关的非物质文化遗产教育。2015年8月18日，第六次全国民族教育工作会议召开，国务院发布了《关于加快民族教育发展的决定》，指出要充分发挥教育在各民族文化交融创新中的基础性作用，把中华优秀传统文化融入中小学教材和课堂教学，在民族地区学校开设民族艺术和民族体育选修课程，开展民族优秀传统文化传承活动，并鼓励支持普通高校、职业院校加强与文化企事业单位合作，将民族优秀文化列入学科专业，开展教学和研究，挖掘民族优秀文化资源，抢救保护和传承非物质文化遗产。总之，要开发利用当地的民族民间美育资源，搭建开放的美育平台，拓展教育空间。所有文件指示都为甘肃非物质文化遗产进入地方高等教育提供了有力的政策支持和明确的制度保障。

5.3 甘肃省非遗融入高校课程教材改革创新的工作

新时代背景下，非遗文化凸显出我国的文化根基，传统文化的传承和发展离不开非遗土壤，也离不开高校基础教育的实施中传播。在甘肃地区少数非遗文化资源具有独特的审美品位和别样的人文气质。作者作为民族院校美术学院教师在教学中深知，高校美术课程中非遗美术元素的学习和开发有助于高校学生形成多元和包容性的文化态度，同时在传承和保护北方非遗文化资源中提高教学质量，实现学生高尚品质价值观的塑造，增强民族意识和自豪感，能更好促进高校民间美术产学研一体化的进程发展，尤其在高校美术课程的综合开发中，加强非遗文化在美术领域的融合渗透。甘肃省非遗文化一直属于我国优秀传统文化体系中的重要组成部分之一，在明确高校美术教学中的目标和基础为前提，逐步以非遗美术体系为目标形成独具地域特色的美术教学体系，致力于开发非遗文化在高校的发展。

5.3.1 构建新时代背景下的高校非遗美术教材

5.3.1.1 甘肃省高校美术专业民间美术教材的应用及现状分析

目前，高校美术学专业非遗美术出版的教材主要有高校艺术教育“十二五”

规划教材《史论系列》《中国民间美术》《中国民间美术鉴赏》等，从目前出版的上述教材中可以发现以下两个问题：

(1) 教材内容之间过于类同，缺乏地域性和区域性的结合。

在阅读教材时发现，上述的教材主要描述了笼统的民间美术属性及特点，并对民间美术较典型的类别进行了介绍，并不能够针对民间美术的地域性特点进行深挖，而民间美术是一个十分庞大和丰富的艺术系统，所包含的内容如民间民族美术形态、艺术类别、影响范畴等各种元素的存在集中表现出地方地域文化特色。也是其地域民俗文化重要的组成部分。在我国庞大的民间美术形式中，没有一部书籍能够完整全面地概述上述内容。在深入研究教材的内容过程中发现，致力于地域性教材内容的研究，必须通过当地的民间艺人或非遗传承人的口述内容整理和研究美术形式的产生。而在和甘肃民间艺人的接触中发现，大多数民间艺人或非遗传承人应从小受到当地文化教育发展的制约，没有能力将现有的民间美术内容形式通过文字或视频的方式进行保存或记录。此外，高校美术教师对民间美术研究受个人所处的地域及学术喜好研究的侧重点影响，呈现出的角度有所不同，没有一个较为统一的标准。在体现本土民间美术形式方面基本没有概述，尤其体现本土民间美术本质内容地域民族背景和文化没有进行深刻的阐述。在作者担任甘肃省非遗美术培训的课程教学过程中发现，非遗或民间美术教学中各个学科的讲义、课件等基本上课内容要素因教学水平及教师学术水平的差异，无法达到一个统一的标准。这一特殊现状也加大了学科之间课程之间的教学难度及深度。因而合理科学具有地域性特色的本土民间美术教材的补充及教材的构建是一个较为迫切的形势所在。

(2) 教材内容及方法缺乏创新性和特殊性。

教材的制定和出版是一个长时间积累的过程，在这个过程中，实践性的教学活动加以记录，得到最准确学科内容及信息。丰富饱满的教材内容可以使教师的教学方法变得多样化。同时在教学大纲及教材内容的引导下，教学内容在一个标准统一的学科内容引领下能够有效发挥和发展。现阶段在非遗美术的教材中可以看到教材内容过于传统保守，并没有与新时代的背景相结合，并且缺乏传承的内容及创新的思路。这样的教材会使缺乏教学经验的教师在教学中无法进行有效合理的应用，从而导致学生对民间美术学习失去兴趣，民间美术的学习内容得不到有效的传播。

综上所述，在现阶段研究及现状分析中可以看出，本土非遗美术的教材并没有达到一个能够顺应时代发展潮流的教材编写及撰写过程的水平。构建学科优势明显，科学合理分配实用的本土非遗美术教材是现阶段非遗美术在高校发展的大势所趋，并且迫在眉睫。

5.3.1.2 构建甘肃省非遗美术教材的必要性

这几年，在国家形势政策的引领下，非物质文化遗产的蓬勃发展是大势所趋。非物质文化遗产与当地政府、高校及文化艺术单位的合作是时代发展的需要。从与高校的合作中发现，许多学校都开展了非物质文化遗产及非遗美术课程的学习及学科专业建设。在专业学科的建设过程中，如何挖掘本土民间美术文化资源，并加工转化成为美术教育课程的资源宝库，并如何将两者有效合理地结合，编写具有特色的本土民间美术教材显得尤为关键。同时，一套具有本地域特色的非遗美术教材的研究及撰写，在某种程度上对于当地民间文化的传承和传播起到了积极作用。

5.3.2 构建甘肃省本土非遗美术教学实践教材

构建本土非遗美术教材需要一个综合的体系来完成，既要挖掘本土民间美术文化的内容及特点，同时还要把美术教育、艺术教育与人文教育紧密地联系在一起，使学科之间产生互动和联系，教材的开发和撰写既要传承整合地方非遗艺术的基本元素，又要兼顾大学生美术鉴赏能力及兴趣，为高校学生艺术素养的提高和发展奠定坚实基础。

5.3.2.1 教材内容需要体现本土性及直观性

在教材的编写过程中，首先要收集本土民间民俗美术元素的形式及优秀作品，并且深入了解民族传统文化。在收集的过程中，需要编者们深入实践当地进行考察，并且记录图像影像元素。收集的过程内容中还包括非遗传承人的口述、产品的制作过程等。例如，甘肃地区非遗美术元素内容有临夏砖雕，砖雕中除了雕刻技术的记录外，砖雕艺术中图案的形式美术、图案蕴含的文化背景都可以作为教材编写的内容。庆阳地区剪纸艺术中许多精美的美术图案内容可以丰富教材的内容，同时甘肃省许多民间美术可以与国家民间美术艺术进行同类合并，兼收并蓄和总结归类，增强教材的实用性及概括性。

A 制定具有针对性地域性及创新性的本土民间美术教材

教师在教学中，教材的应用及教材的可靠性在教学内容中显得尤为重要，一本针对性很强的教材，也可以使教学方法多样化和丰富化，同时也可以增加教学内容的深度、宽度及衍生性。在新时代互联网下新媒体数字艺术的大环境中，以前的笼统型教材早已不符合当代大学生的需求。创新性的教材编辑和应用应符合时代的迫切需求，而教材内容的创新及知识点的拓展，迫使编写工作者们的工作内容变得十分复杂和庞大。作者认为“以点带面”撰写的方式能够使教材有新的突破及创新，明确地划分地域性及区域性的特点，使教材的内容切入当地区域，让学生在学习的过程中增强代入感及实践体验。并且学生可以根据教材的内容直接深入实践教学基地和当地民间艺术原产地，这使学生在良好的互动之余以达到实践理论相结合的教学活动。

B 深挖具有代表性艺术的本土民间美术及非遗艺术

在教材的编写过程中，可以深挖本土的民间美术典型代表及非遗传承人，深入了解本土艺术家及非遗传承人的实践生活基地。达到产学研教学一体化进程，争取能够建立非遗传承人或民间艺人与学生的实际操作模式。例如，建立实训基地及非遗产品的生产企业教学活动等，进一步丰富完善教学环节。

综上所述，本土民间民族美术教材的编写是一个辛苦并且庞大的工程，同时在构建本土非遗美术教材内容的过程中，其所涉及的内容繁多且丰富。在现今的高校非遗美术教学中，以前的教材如果只作为高校学生普及性书籍尚可通识。而作为地方院校，尤其是地域性强的高校，应积极推动新时代下的地方非遗美术教材。在教材的编写中，应加强地域实验性、实践类教学的建设、专业分类导向、强化地域性特色、突出区域性优势、明确优势学科特色专业等。

5.4 甘肃省非遗文化融入高校教师的队伍建设

5.4.1 设置非遗传承人的教师聘任制度和竞争激励机制

首先，建设高校本科教育，必须始终把一流教师队伍建设置于各项教育教学工作的首位。一流本科教育是高等教育未来发展的基本方向，一流本科专业是建设高校教育的前提和保障。教师队伍则是学科专业建设发展最重要、最核心的资源，也是确保本科专业保持较高水平高质量的支持者和践行者。高校建设发展一流本科专业，要充分发挥教师队伍这一核心要素，引育并举，铸就人才高地。内外兼修，充分发掘高质量高素质的教师队伍，把教师队伍建设作为重中之重，始终摆在各项教育工作的首位[23]。

其次，实行灵活开放的教师聘任制度，转变教师管理模式，使高校教师队伍结构更加多元化。实行灵活开放的教师聘任制，是人力资源开发与资源合理配置有机结合的新型用人机制，对于加强教师队伍建设，促进一流本科教育具有重要意义。在甘肃省非遗研培中许多外校，或者某一专业领域中的专家、学者、参与非遗教学中，极大地弥补了研培中教师专业配给及学科知识建设中存在的短缺现象。所以在今后的高校发展中教师聘任制是大势所趋，而聘任制度在学校和教师双方平等自愿原则的基础上，高校根据教育教学的需要设置一定的工作岗位，在专业学科条件的基础上灵活受聘条件，这有利于促进人才的合理流动，形成优胜劣汰的竞争激励机制，也能够保证教育教学质量的提高。采用灵活开放的教师聘用制度，一方面学校面向全社会，着力吸引聘请学术拔尖人才及顶级的专家学者，通过联聘、互聘、外聘等多种形式，吸引更多优秀拔尖人才，着力打造一支具有一定规模的高素质高水平的教师队伍；另一方面，改变单一的聘任模式，采取多种弹性灵活的聘任方式，如长聘、短聘、全职、半职等，促进高校教师队伍结构走向多元化。

最后，实行灵活开放的教师聘任制度，构建人才竞争激励机制，使资源达到最优配置。高校要参照国内国际的先进标准，制定更为科学合理、以竞争为核心的教师聘用制度，优化竞争激励机制。通过设定一定的岗位，明确教师职责，并提供相应的薪酬，给予政策扶持，吸引优秀教师、专业翘楚到高校重点支持建设的本科专业任职。同时，带动其他专业全面发展建设。在数量、质量、结构等多方面优化师资队伍，实现教育资源合理最优配置。

5.4.2 为非遗融入高校教学加大投入并创设优良的教学环境

首先，高校重视课堂教学工作，必须加大教学投入，创设和优化课堂教学环境，为教师队伍建设保驾护航。高素质高水平的教师队伍及教学投入，是人才培养质量的提高，尤其是杰出人才培养的决定性因素。如今，现代教育技术迅猛发展，人才培养模式发生转变，为了大力支持教师的教学工作，高校必须加大教学资金投入，按照国内国际先进标准，无论是在教学软件方面，还是在硬件方面，都应该全力创设优质的教学环境，为教师提供优质资源。例如，创设甘肃省非遗发展中心，非遗教学实训中心；建设智慧教室、实训教室、观摩教室等来完善和改进教学设施。并对新加入的技术、专业进行教师培训，提升教师熟练掌握新的教学技术、教学手段的能力，激发教师全身心投入课堂教学工作的热情。

然后，高校必须高度重视教师的发展，通过甘肃省非遗事业的发展积极创设和优化教师发展中心，为教师提升课堂教学水平搭建平台、拓展渠道。例如，学校通过开展甘肃省非遗扶贫工程给青年教师提供培训提升的平台；通过评选教学名师激发教师提升师德修养和教学水平的热情；通过开展非遗教学观摩，组织校内或校际的非遗产品展示科学普及学习，为高校学科教师和学生之间就搭建一个探讨、实践和研究的平台。通过定期举办这些教学活动，可以充分挖掘教师的潜力，激发教师重视教学工作、注重师德修养、努力提高课堂教学水平的积极性和创造性。陶砚班学员进行创作如图 5-1 所示。

图 5-1 陶砚班学员进行创作

5.4.3 非遗课堂融入高校教学工作并打造一流精品开放课程

首先，教师既要高度重视课堂教学工作，又要注重师德修养，要努力成为具有素质高、教学能力一流的高校教师。然后，教师应深入开展教学改革与研究，把不断提升课堂教育教学水平作为自己的核心价值追求。作为教育工作者，教师要熟悉教育、关心教育、深入研究教育，并把科研创新融入本科教学工作。教师除了可以充分运用现代教育信息技术进行线上教学，如直播授课、录播授课、慕课授课、超星学习通和长江雨课堂等；教师还必须深刻认识传统的面对面教学方式依然不可替代。课堂上，学生的参与程度、学生和教师之间的交流互动是体现考核教学质量和教师教育教学效果的重要维度[24]。所以，教师完全可以灵活运用这些现代教育信息技术来同步课堂教学。最后，要使非遗教学的融入与提升加强和建设一流教师队伍，高校教师必须努力打造一流精品开放课程，一流精品开放课程是一流教师最为明显的标志。随着时代的发展，甘肃省非遗教学研培可以通过参与一流精品开放课程的申报与建设，深入了解研培教师队伍、一流教学方法、一流教学内容、一流教材等方面。同时研培教师要抓住一切听课和学习的机会，线上或是线下，观摩精品开放课程，多向优秀教师学习，对自己的教学活动进行反思，及时总结教育教学工作中的成绩与不足，取长补短，以弥补教学经验不足、教学底蕴不够深厚、课程体系把握不够准确的缺陷，进而结合非遗研培人才培养特色、人才培养模式进行改革，开展专业课程的转型升级，注重培养学生的学术研究能力、创新能力和创造能力，逐步形成独特的教学风格和教学特色，提升课堂教学能力和教学水平。

5.4.4 以非遗研培为支点关注教师教学智慧的培养与生成

教师是课程实施中的重要力量，教师也是课程的建设者和开发者。在甘肃省的非遗研培中，艺术类非遗课程占主导力量。几年的教学课程开发中，艺术类非遗课程所需要的教师应具备丰富的理论知识、较强的授课能力，以及崇高的专业精神。教师的专业水平也直接影响教学效果和学生发展。观察发现一部分高校教师缺乏相关的专业素养是制约艺术类非遗课程发展的一个重要原因，提高教师的专业水平，包括促进其对专业知识的掌握、教师道德理念的准确认知，优化教师教学水平与能力十分关键。

5.4.4.1 非遗专业融入高校教学有助于提升教师专业水平和构建高水平师资队伍

首先，要加强教师培训，提升教师专业能力。在艺术类非遗课程开发的进程中，我们必须加强教师培训，注重对教师课程知识的丰富。通过对教师积极性的激发，促进艺术类非遗课程的开发、实施、评价，使艺术类非遗课程更加系统化和科学化，并得到更加深入和广泛的发展。受到民族地区文化差异与文化背景不同的影响，部分少数民族教师存在无法对教材中内容或是术语作出科学解释和处理的情况，致使翻译出的民族语言内容和教育理念不符的问题。至此，在工作过程中应当开展有适切性的教师团队的培训与指导项目，可以在民族高校艺术类非遗课程的实施过程中，在理论上与实践上对教师教育行为和教育方式提供科学有效的指导，这能够推动教师专业化发展，为少数民族教师的课程教学提供有益帮助。从教育课程培训角度来看，除了要对少数民族教师知识理论进行扩充之外，还要增加对艺术类非遗课程理论的掌握程度，使教师具备课程实施环节中应当有的教学行为。(1) 转变教师在非遗课程的开发中的态度，通过开展包括非物质文化遗产相关的教育理念及课程与教学理论知识的培训课程，使其积极参与到艺术类非遗课程实施之中，并提供了有力的理论支撑；(2) 开展专业知识培训，以新课标为导向，为教师提供理论培训与指导，结合多元化形式开展实践项目，强化教师课程实施的科学性和有效性；(3) 强化与外界的互动合作培训机制，提高教师对当地民族文化的了解，引导师生、传承人及学者等进入校园开展指导工作，增加学校艺术类非遗课程的开发的活力和动力，以此实现课程更好的推进与开展。

然后，充分发挥教师效能，促进教育智慧生成。在民族高校艺术类非遗课程开发和实践过程中，由于教师自身能力不足及对自我认知的欠缺，再加上学校的不够关注和重视，教师往往被认定为是课程的实施者，使其很难以决策者、参与者的身份参与到艺术类非遗课程方案的制定和开发过程中，无法有效发挥自身在课程开发中的积极作用。事实上，校园中的一线教师，由于他们身处课堂教学环境的特殊性，相较于其他课程开发的参与者其对民族高校学生发展的特殊需求及特征有更多、更深刻的了解。有必要帮助教师明晰艺术类非遗课程开发的意义与内涵，这样不仅可以促进教师专业化发展，也有利于学生的全面发展。

最后，确立教师参与艺术类非遗课程的意义和内涵。开发艺术类非遗课程的过程中要关注学校课程发展需求及教师发展需求，培育学生全面发展的有效方法和途径，鼓励教师加入艺术类非遗课程的开发与实施中，不断强化自身使命感与责任感。教师需要明晰艺术类非遗课程中非遗研培计划的主导地位，在实际教学中不断强化教师能力并赋予内在能力，如教育教学素养、责任感和专业技能等。提高教师参与艺术类非遗课程过程中的自豪感，建立完善的内在机制，实现教师作用的最大化发挥。为教师发展提供空间，优化其开发课程的水平和相关技能，具体来说，我们可以做到以下几点：定期举办学校内部教师或者学生的讲课大赛及其他活动，可使教师或学生在实践中发现并总结非遗课程实施的不足；定期举办学校内部教学探讨交流会，通过交流会的方式可以使任课老师对该时间段内的个案或是典型问题进行分析和交流，通过原因总结获取经验；对学生提出的教学建议作合理性分析，并科学性地给予采纳；提倡教师摒弃传统单一教学方式，不定期抽查艺术类非遗课程的课堂教学等。西北民族大学美术学院教师给学员授课如图 5-2 所示。

图 5-2 西北民族大学美术学院教师给学员授课

5.4.4.2 强化教师教育促使教师课程意识觉醒

在课程开发过程中，课程的具体成效与教师的课程意识具有紧密的联系。在艺术类非遗课程开发的进程中，我们必须要强化教师教育，不断丰富教师的课程知识，提高教师在课程开发、课程实施和课程评价方面的热情与积极性，推进教师课程认知和意识的觉醒，使教师以更高的热情投入到艺术类非遗课程的开发中去，使课程开发具有科学性、系统化特点，向更广和更深的方向不断探索。

首先，提升教师自我批判反思能力。教师的批判反思能力的培养有助于促进教师的专业发展和课程意识的提升。艺术类非遗课程不仅应当重视教师对课程理论的研习与参与深度，还应该通过校本化教师教育来推动教师对课程实践的不断反思。课题研究式教育也能推动教师反思能力的提升，教师通过行动研究的方式深入课程开发全过程，有利于对各个环节进行反思，从而提升自身的批判反思能力，教师成为课程反思的实践者，以“实践—反思—实践”的学习过程，推动艺术类非遗课程的长足发展。目前，通过调查发现在艺术类非遗课程教师教育中，受到自身非教育学专业的影响，在学习中忽视课程理论相关的内容，致使教师对课程流派、课程开发模式等方面在认识上缺位，随之产生的是在实际课堂教学中课程意识淡薄，教师参与课程开发的主动性和批判反思性就更难生成。

然后，教育管理部门应当重视教师评价方式的多元化发展。从学校管理工作角度来看，作为教师行业的指南针，教师评价体系对教师课程价值观与教育行为具有极其重要的意义。一个完善的教师评价体系具有推动教师专业发展的作用，且能对学生的全面化发展及课程的发展产生积极影响。民族地区的教师评价体系与其他地区存在相似性，都基于学生成绩、就业率和优生率之上，现存的评价模式使教师出现仅关注教学和专业技能获得，而忽视学生内在文化、价值观因素的现象，从而导致教师课程意识的缺乏，对艺术类非遗课程的主动参与度也受到相应的影响。可见，教师课程意识提升是艺术类非遗课程良性运行的基本保障。例如，将艺术类非遗课程中的教师表现情况设定为评优或是晋级指标，对其相应的成绩予以肯定；若教师在艺术类非遗课程开发过程中表现突出，则可以提供相应奖励；在教师评价体系中加入学生对于教师的评价及教师互评结果，增加教师评价主体和评价方式；在教师阶段性评价中纳入工作付出量和课程参与情况等指标；在教师教学成果和综合素质的评价上建立全面性特征，而非通过某一课业成绩决定教师绩效；肯定教师参与艺术类非遗课程的行为，并鼓励反思行为和整改措施，在教师考核和评优体系中纳入相关内容，基于评价体系之上对教师建立艺术类非遗课程的行为作出引导，促进其课程教学的优化，提升其课程意识以促进其自身专业化的发展。

最后，纠正部分教师教育理论与实践脱离的错误认知。长期以来，教师身上存在教育理论与教育实践的二元分离误识现象。在一些教师看来，实践的规范等同于理论、理论应用就是实践，两者属于相互对立的区域，无法在相同环节出现。从课程和教学方面来看，近些年来，民族高校课程不断变革和深化，教师需要对教学实践的创造性、复杂性、丰富性高度关注，教师需要转化原有技术型实践，建立新的反思性实践角色。可见，艺术类非遗课程的开发需要教师的深度参与。在教育理论学习方面，应当建立和完善新的教育理念，使教学成为平等的对话和民主的交流，而非是简单粗暴的知识内容灌输的过程。只有积极参与教育理念的建立，才能够实现教师个人理念的转化，从而提升其批判性反思能力和水平。教授专题讲座如图 5-3 所示。

图 5-3 教授专题讲座

5.4.5 通过非遗融入高校教育体系打造教育新理念

广泛推动甘肃省非遗事业与高校的协同合作。(1) 要推进校校合作，以非遗研培计划为基础，推广省内外高校非遗试点的合作开发，以及各试点高校的好做法，好办法。充分发挥各省市的优势资源，携手并进，取长补短，互相促进。(2) 要推进校地合作，以对接区域教育需求，与地方合作开展课程研究，开发优质资源，建立平台系统，支持地方教师发展与教学改革。(3) 要推进校企合作，引入地方企业的优势资源。如人工智能行业机构参与技术创新、资源建设、平台开发、产品设计，实现群智开放、跨界融合、合作共赢的新局面。为甘肃省非遗资源融入高校发展提供新理念保障[25]。

现阶段我国高等教育已进入由大众化教育向内涵式发展建设转变的新时期。高校教师的学术能力或研究型教师的研究成果，以及教师队伍的质量对高校教育建设具有决定性的作用。而师资队伍是高校建设的基础，是一流人才培养不可或缺的关键要素，标志着高校学术研究水平和科学研究能力，是学校核心竞争力的体现。当前，高校面对师资水平并不均衡，部分高校存在科研能力不强、学术水平不高、教学水平一般、学校管理体制僵化、管理机制不灵活等诸多问题，这些问题在一定程度上制约了高校教育的发展。而甘肃省非遗融入高校的研究及实践应用，在很多方面积极促进了教师队伍的发展。

5.5 甘肃省非遗融入高校现代化治理体系中

5.5.1 西北少数民族地区高等教育存在的问题

西北少数民族地区是“一带一路”沿线的重要地区之一，这里的民族高校应当针对办学治理体系和治理能力中存在的典型问题深化教育领域综合改革。构建政府、高校、社会三者之间的多元化新型关系，从而实现西北少数民族地区民族高等院校办学效能的最大化。非遗融入高校教育打开了高校治理能力的新局面和新思路，可以试图通过价值追求、教育制度、教育政策三个方面探索甘肃省高校治理体系。现阶段甘肃省在高校治理体系中存在的问题：(1) 价值追求缺失，缺失对参与高校治理价值观认同的理解能力，严重阻碍了甘肃省高校治理体系的建设。社会缺失参与高校治理的意识和积极性，参与度低。我国大多数高校由政府主导学校的运行，很多人认为高校的治理和发展与自身无关，这虽然体现出社会大众对政府和学校领导层的信任度较高，但是也反映出在社会公众事务层面，个人参与意识的缺乏和团体意识的薄弱，社会参与意识的高低决定了参与效能的好坏。参与影响最终结果的程度越大，人们的参与意识就越强。社会参与体系发展到现在仍无法保障参与效能的有效实施，导致社会大众的参与意识越来越薄弱，认为自己的参与无法获得理想的效果。另外，社会参与者对高校各项决策效果的影响与他们的文化程度、接受的教育息息相关，部分社会参与者能力未达到高校各项决策要求的水平，参与效能自然不明显。长此以往，高校的治理不能将社会参与者容纳其中，他们的实践能力和经验得不到提升，参与能力无法相应增长，积极性越发降低。西北地区高等教育存在社会力量参与办学体系不完备、法律制度不完善的情况。社会参与少数民族地区高校治理需要一套完备的参与体系和运行机制，这是少数民族地区高校提升治理能力必要的前置条件。（2）居于核心位置的教育制度不完善，高校自身教育制度存在师资队伍建设不完善的问题，教师数量发展不均衡，整体师资素质水平偏低。调查数据中得出全国少数民族教师数量较少，民族高校分布较多，少数民族师资力量投入不够，部分优秀教师不能扎根民族高校，师资缺口大。师生比过低，学生得不到教师的充分指导。此外，西北地区较偏远，也限制了优秀教师人才的涌入，现有教师队伍专业水平有待提高，课堂教学水平偏低，学生对前沿知识的认知存在一定差距，继而影响了学生的创新性培养。（3）缺少对制度安排的创新能力。西北少数民族地区高校培养目标宽泛且不明确，没有结合自身的办学优势、学科优势、市场需求设置培养方式和培养目标。民族高校在培养人才方面的课程设置单一、大而全、缺乏特色，无法满足社会对人才的多种需要。

5.5.2 非遗融入西北少数民族地区高等教育治理体系的策略

5.5.2.1 把非遗元素融入高等教育治理体系的现代化多元共治模式

随着非遗融入高等教育模式研究的深入，随着新学科元素的加入，高校也逐渐转变职能，搞好顶层设计。首先在政策保障方面，在时代的改变下积极加入新学科及专业的有效探索。深化少数民族地区高等教育领域“简政放权、放管结合、优化服务”改革。构建活力、高效、顺畅的体制机制，是推动实现西北少数民族地区高等教育现代化的关键点。当前，政府应当准确判断对高等教育究竟应该管什么、怎样管，扮演好引导者、支持者、监管者、执法者的角色，不过度干预高校内部的办学事务，致力于为建立现代大学制度提供发展环境。例如，在非遗融入高校模式的研究中，如何参与高校的专业设置、教学管理、图书资料、学生完成学业的期限等事项可以由高校自己解决或者由市场加以调节。同时，政府应当保护高校的权益不受侵害，摒弃传统的管理者身份，以领导者的身份引导高校的发展。在具体实施的过程中，政府部门应当注意方式方法，将刚性管理转为弹性管理，对不同类型的民族地区高校采取不同的方式，避免“一刀切”，给予西北少数民族地区高校更多的自主空间。

5.5.2.2 以非遗融入高校为试点，构建高校发展联盟和建设学术研究基地

西北少数民族地区经济社会发展水平相对滞后，高校的发展更是势单力薄，

高校之间学术交流合作匮乏，难以发挥自身优势进行学术思维的融合。政府可以搭建西北地区高校学术交流平台，促进各高校共同发展、资源共享、互惠互利，推进“一带一路”建设。政府高层可以从宏观层面建立各教育部门长效沟通机制，定期举办以非遗学科发展的会议，共同探讨少数民族地区高等教育治理体系效能，引领“一带一路”倡议的推进。同时，政府要加强高水平研究基地建设，尤其是加强民族教育研究智库建设，使西北少数民族地区通过多种方式进行学术研究。

5.5.2.3 遵循时代发展规律，改革创新办学理念

高校的办学理念不能一成不变，多数高校历史悠久，但在时代发展中逐渐走向下坡路，主要是因为缺乏创新，固步自封。因此，在人才的培养过程中，也要不断地进行改革和创新。随着市场对于人才需求的不断变化，高校之间也存在一定程度的竞争，高校要及时更新自己的办学理念，培养更高素质的人才，顺应市场对人才的发展需要，只有这样才能在时代的发展中不断革新、不断进步，培养出来的学生才能更好地胜任各项工作。在非遗研培教学中，通过几年的周期性学习和交流不断探索人才的发展方向及模式，高校的培养目标要以当前人才市场的反馈信息为依据，把握社会的未来发展趋势，为社会提供适切性人才；方案设计要培养复合型、实践型人才，适当减少学时，让学生多实践、多思考；课程设置要抓住少数民族地区特色，要根据少数民族地区高校自身特点设置有专业性的课程，使学生具备更好的专业技能，满足社会的人才需求；考核形式应当全面化、多样化，这样的课程考核主要培养学生专业探索、团队合作、沟通交流、逻辑思维、实际操作等方面的能力，让学生将更多的精力投入到知识的理解之中，用知识武装自己去解决问题，更好地学以致用。

5.5.2.4 以非遗融入高校教育优化人才培养模式，突出特色专业优势

为了培养高素质人才，顺应企业时代发展需要，高校需要在人才培养方面不断进行创新和改革，加强专业学科建设，培养“精而专”的高素质人才。西北少数民族地区的高校应该立足于国家战略需要，集中优势培育特色专业人才，提升高校的核心竞争力。少数民族地区的高校在长期的历史逻辑演进中，凭借着自身的地缘位置优势，形成了具有一定竞争力的优势学科。高校可以集中自身的条件和资源来培养优势学科，非遗的进入在很大程度上建立了优势学科或专业的基础，可以使这些优势学科、特色学科在国际上具有一定的影响甚至领先地位。少数民族地区的高校要将优势学科与创新相结合，培养高素质人才，实现优质专业的辐射和带动效应，从而服务于“一带一路”建设，提升办学实力，拓展办学视野。

5.5.2.5 非遗融入高校教育要紧跟时代步伐，努力实现教育信息技术现代化

教育信息技术现代化是国民经济和社会信息化的有机组成部分，对教育思

想、观念、内容和表达形式都产生了巨大的影响，新兴的教育教学和人才培养模式应运而生，为进一步深化创新改革，为加快内涵式发展提供强大动力。在教育信息化背景下，要求学校管理体系、教育教学过程管理、教师驾驭信息技术的能力、教学方法与改革创新等方面都必须跟上时代发展的步伐。通过扎实推进教育信息基础设施建设，更多高校日常教学能运用现代教育技术，电脑配备和学校多媒体教室等通用教室建设水平不断提高，视频会议系统、协同办公系统日趋完备。非遗课堂充分利用技术增长带来的红利，让沟通变得直接和便捷，学科知识的更新及同步畅通无阻。

5.5.3 非遗融入高校治理体系建构带来的提升与改变

高校治理体系的建构需要完善的机制、内外资源协调的平衡、层次清晰的定位来保证，非遗的融入使教育的目标尽可能达到预测的任务程度，并明确符合意愿的教育目标实现范围，依据一定的价值判断来确定，从而推动高等教育的凝练特色、转型创新、国际合作。

5.5.3.1 凝练特色教育

高校教育肩负着科教兴国、培养德智体美全面发展、引领社会发展的重要使命，其核心任务是立德树人。国家建设引领高校治理模式开辟了具有中国特色的高等教育治理现代化新局。以非遗融入高校教育为契机，开创突出特色教育，使高校响应国家战略需要，向高精尖特色发展，向应用技术型大学发展需要，向培养专技人才方向发展，培养大国工匠，满足中国特色社会主义经济发展的需求，在传统教育文化中不断传承与创新。

5.5.3.2 通过非遗融入高等教育的途径，加快高校的转型创新

党的十九大以来，中国特色治理现代化的进一步深化和完善，为高校转型提供了极为丰富的源泉。高等教育的基本功能在于教育与研究，研究机能是知识的储存、传授、普及、应用；教育机能是培养人才，使学生的智能、情操、道德得到发展，进一步提升创造能力与创新能力，直接或间接为社会发展作出贡献。当前社会建设大学目标任务与任务发生了改变，以非遗学科专业融入高校的方式为起点，采取切实的行动改变教育惯性，调整治理体系模式，创新办学理念。

5.5.3.3 通过非遗为高校办学“亮点”特色，深化国际合作

伴随着我国改革开放和教育改革的不断深入及全球化的快速发展，中国高校同样面临着国际教育资源的竞争压力与挑战，在借鉴西方知识体系、学习欧美高等教育经验的同时，结合我国实际情况应建立符合国情的教育理论和实践，建立具有中国特色的高校教育治理体系。高校治理体系的建构，是进一步通过人才交流合作吸引人才、吸收国外高水平院校教育理念，为建立全方位、多层次、立体化的国际教育体系提供了可能，让教育国际化和信息技术发展与国内同步，使优

质教育资源跨境共享成为现实。积极推进标志性成果的国际化，全面提升我国高等教育的国际化水平，扩大我国高等教育的国际影响力，增强我国高等教育在国际上的话语权。在这点上甘肃省非遗专业已经作出了积极和良好的示范。以甘肃省读者出版集团徐晋林工作室为例。2018 年“一带一路”教育部高校联席活动中，俄罗斯列宾美术学院在参观学习“晋林”工作室的实践活动，深深被中国传统文化与非遗文化打造的手工书籍出版物所震撼到。至此 2018 年以后，俄罗斯列宾美术学院源源不断地委派留学生赴徐晋林工作室进行学习深造。极大促进了高校间的国际交流活动及深入学习。所以当下高校更需要思考如何迎接全球外交合作项目，建立国际教育科研合作，发挥自己的文化优质资源，在融合中创新，参与到全球教育治理之中，赢得国际竞争优势，更好促进高等教育的健康和可持续发展。

综上所述，西北少数民族地区高等教育是我国高等教育的重要组成部分，通过非遗融入高等教育的模式方法来探索甘肃省高等教育治理体系和治理能力，力图构建政府、高校、社会共融共通的多元化新型关系，以实现少数民族地区高等教育治理效能最大化。西北地区具有独特的地缘优势，是新时代中国特色社会主义历史逻辑演进中的重要空间场域，少数民族地区的高校作为人才供给方，应当将中国特色社会主义制度优势转化为民族地区高等教育治理效能，积极推进西北高等教育治理体系和治理能力现代化。以西北甘肃省地区和“一带一路”非遗融入高等教育为逻辑的起点，以价值追求、教育制度、教育政策三个域纬探索西北少数民族地区高校治理体系，以理解能力、执行能力、创新能力三个张力研究高校治理能力，在定性比较分析的基础上，提出有效的治理路径，推进少数民族地区非遗融入高等教育治理体系和治理能力现代化建设，铸牢中华民族共同体意识，助推新时代民族高等教育健康发展。甘肃省的高等教育要紧随国家高等教育体系的改革，结合自身少数地区高等教育水平发展特点，构建治理体系和治理能力现代化。

5.6 甘肃省非遗融入高校的社会服务工作中

5.6.1 非遗融入高等教育提升人才培养

地方高校的人才培养要以社会实际需求为参照，坚持以人为本，合理科学设置专业课程，最终实现学生道德素质的提升、文化知识的汲取和社会实践能力的提高，进而更好地服务于社会。对于地方高校而言，要确定合理、可行的人才培养目标，坚持全面人才的塑造，以适应社会发展对现代人才的实际需求。此外，学校培养的人才是否能够得到合理配置和归流，对于实现服务社会的最大化和学校进行功过反思有重要作用。地方高校要不断加强“教师的教”“学生的学”，以及“社会的需”三者的紧密结合，共求进步发展。地方高校作为高等教育体系的一部分，其本体功能是“育人”。地方高校对于地方社会经济、政治、文化要实现可持续作用就不能偏离这一使命，可以说地方高校在提供社会服务过程中不能逾越这一关键前提，一定程度上地方高校是通过自身所培养的人才来实现其价值的，这个符合人力资本理论的特征。非遗融入地方高校教育，从源头上促进改变人才培养的理念和方式，完善培养体系，增强自主性和特色化建设，不再被就业率这样的指标所牵引，逐渐摒弃哪个行业热就开设有关的专业与课程，不再刻意地迎合就业市场的变化。同时非遗的融入还体现在地方高校实现高素质人才的培养目标，让学生掌握知识与技术，提高学生适应社会变化的能力。在培养学生服务社会的能力的同时，非遗的人文教育也利于学生道德素质的提高，利于学生步入社会后对社会精神文明建设作贡献。

5.6.1.1 非遗融入高等教育助力于人才的培养

从宏观层面上来讲，高等教育人才培养主要分为以学术研究为主的研究性人才，其多指的是传统精英教育，比较侧重于理论素养和学术研究能力的培养。以服务实践为主的应用型人才是在社会经济迅猛发展和高等教育大众化背景下出现的，其较为重视解决现实问题的操作技术及应用能力的培养。地方高校在制定培养方案时要充分认识到，当前社会上的企业和经济团体已经改变了以前只看文凭，只看学历的招聘标准，现在招聘考察学生知识应用与具体实践能力，以及自我更新完善知识体系的能力等方面的表现，符合地方社会发展建设。地方高校在完善培养人才目标和思路过程中，不仅要考虑到地方经济社会发展的需求，也需要坚定于自身的特性，不能盲目、随大流，失去人才培养的真谛。非遗教育融入地方高校要适应高等教育大众化的趋势并为其作贡献，客观地分析自身发展的层次水平，加大对特色专业的打造，创办符合实际情况的教育。例如，兰州职业技术学院非遗专业的设立，以其成熟的服务意识全面开设实用化的课程，主动承担起发展社会发展需要的职业教育。学校要努力扩充办学的主体，让学校的每个成员都加入进来，坚持传统、特色专和现代专业的多层次专业体系的构建。

5.6.1.2 非遗融入高等教育助力于“通才”与“专才”的多元化人才培养

当前社会对“通才”和“专才”的选择有着不同的声音，作者认为地方高校要兼重“通才”与“专才”双向培养，非遗的融入使学生学习某一专业、精通某一领域的同时获得全面协调发展。地方高校应当不仅要教会学生以通识为基础的深厚专业理论，还需要培养学生具备较强的终身学习能力和职业转换的适应能力。在日常学习与社会实践中，地方高校要逐渐使学生掌握运用所学知识和技术解决生产、服务等社会活动中遇到的问题，鼓励学生勇于突破、敢于创新，提高专业学习、实际应用和知识自我更新的能力。此外，学校要关注学生的人文修养，道德素质和心理水平，通过开展多样的团队活动培养学生团队精神和责任感，使学生具有较高的综合素质，能在服务社会的具体实践中体现自己的价值。

5.6.2 非遗融入地方高校社会服务能力建设有助于区域互动发展

大学与城市是相互促进、互为发展的过程。大致经历了几个阶段：从大学与城市各自独立，到城市养育了大学，再到大学依赖城市、大学产生城市、城市文明提升离不开大学等几个阶段。地方高校是地方社会发展的重要依靠，其为地方社会发展提供应用型人才与科学技术。反过来，地方社会取得发展也成为地方高校取得进步的强大外推力，没有地方社会的发展，地方高校就没有稳定、良好的发展环境和充实的物质作为支持。非遗的融入使地方高校自身办学特色与地方社会具体情况相结合。学校与地方社会间互动合作的对象及所涉及领域是多样的、多层次的。（1）高校人才培养与输出方面，不仅包括学校的单方面人才培养与输出，也包括学校和政府、企业的双向合作人才培养计划；（2）科学研究方面，既包括学校自我的科学研究探索，也包括与政府、企业共同攻克科研难题，改进生产技术；（3）文化方面，学校在建设校园文化的同时，也积极地传播校园精神文化，利用自身的文化丰富地方文化底蕴。地方高校应充分认识到，要想取得发展，就不能孤立靠自身，应当积极主动地与地方政府和各类群体、组织合作，非遗教育普及工作像桥梁一样能够把政府与高校还有地方企业等机构联系到一起，其重要意义不言而喻。力求在互动过程中获得良性发展，提升服务能力，获得长远发展。

5.6.3 非遗融入地方高校社会服务能力有助于社会经济建设

地方高校的建设总是与地方社会经济、政治、文化的发展紧密联系，总是在不断适应社会需要的过程中发展。地方高校要适应与满足不同时期的社会需求，就必然要明确自身提供社会服务的价值取向与追求，突出地方特色，与地方社会发展的诸方面相协调、共进步，共同为社会这个有机整体服务。非遗事业可以极大促进地方经济的发展，拓展经济发展的维度和宽度。从长远规划和目标来看，非遗助力于高校建设，反之高校培养的专业人才能够服务于地方经济发展，互惠互易，把社会服务作为高校建设长期动力。

5.6.4 非遗融入地方高校人才培养与技术创新提高地区经济价值创造

在知识经济时代背景下，推动社会、经济可持续发展的两大动力是人力资本和技术创新，其中人力资本是技术创新的必备条件。地方高校为地方培养、提供了大量的高素质的应用型人才，这对于地方教育的发展与技术进步和经济实力的提升有重要意义。例如，将非遗衍生品和文创产品在甘肃省大学投入基础研究的成本是1000万元，其研发成果在本地区乃至全国企业应用后可获得几倍的收益，尤其可见地方高校的科研对地方经济的贡献值也是巨大的。地方高校在服务地方社会经济发展中，发挥着多方面、多层次的重要作用，地方高校要充分认识到服务地方经济建设、社会发展和高校自身发展是高校科研工作的两大基本任务，促进地方经济建设、社会发展和高校自身发展的良性互动则是高校科研发展的根本出发点，社会需要是科学发展不竭的源泉。

此外，非遗融入地方高校可以通过影响地区的吸引能力和改善市场经济环境来提升地区的综合竞争力。地方高校相对于当地的其他教育实体拥有更多的教育资源，硬件上来说，拥有相对先进与完善的教学与科研配套设施、较为良好的内部校园环境；软件上来说，学校拥有一批高素质且特点突出的教师队伍和科研队伍，以及来自地方政府的政策支持。一方面，地方高校可以利用教育资源优势更好地满足地方居民对高层次教育和职业技能提高的需要，利于地方远程教育、成人教育等多层级教育的发展，以满足不同行业、不同类型群体对教育的需求。另一方面，非遗融入地方高校还可以利用空间优势为当地群众近距离服务，减少群众教育成本，实现高等教育资源高效利用，同时也能提升地方教育实力和劳动者竞争力。

5.6.5 非遗融入地方高校带动地方政治文明建设

地方高校作为地方社会的重要组成部分，不仅要履行自身的高等教育职能，而且应当积极承担自己的社会责任，要坚持以科学发展观为指导，与地方政府一起构建和谐社会。非遗融入地方高校对于地方的长治久安和经济建设有其特有的作用。非遗融入高校教育能够使教育的普及程度和知识的传播方式得到扩展。此外，地方高校所在地区的教育程度优越于偏远缺乏高校的地区，其经济发展和社会稳定状况也优于落后地区，为全民素质的提高、教育政策的有效实施创造了良好的条件，也有利于社会和谐建设。

5.6.6 非遗融入地方高校促进精神文明建设

随着高等教育和社会的发展，文化传承创新成为高等教育的第四大职能，出于客观的发展需求与自身的需要，地方高校必然要积极履行这一职能。作为知识的保管者、传播者与创造者，地方高校不仅是地方文化的中心，而且是地方社会生活的中心，它仅次于地方政府成为地方社会的主要服务者，它还是新思想的源泉、倡导者、推动者和交流中心。这也就说明地方高校是地方社会除地方政府之外最大的建设者，其所担当的文化责任也非常巨大。非遗融入地方高等教育所具有的文化内涵、知识理念有利于地方形成良好的文化氛围，其所具有的科学精神、人文传统对当地的物质文明与精神文明建设产生辐射作用，是推动地方文化建设的加速器。此外，地方高校在长久的办学历程中慢慢形成了自己的特有文化素养和底蕴，这一方面得益于学校所存在的社会给予的历史文化熏陶，另一方面我国区域经济和文化的多样性也造就了丰富多彩的地方高校文化。地方高校作为高等教育系统的主要单元，担负着传承当地特色文化、创新知识、发展学术、立德树人的历史使命，它对地方社会起着潜移默化的影响作用。非遗融入地方高校在服务地方文化建设的过程中，要明确自身的地位和扮演的角色，努力传承，立足创新，在地方文化建设中发挥应有的价值。

高校提升社会服务能力是为了更好地满足地方社会经济发展，是高等教育职能发展的必然结果，是学校服务功能的具体体现。面对新的历史考验，采取正确的发展策略是地方高校社会服务能力取得提升的保证。地方高校要立足当地发展的实际情况，力求从优化人才培养模式、完善社会服务职能体系、强化学校与地方社会的互动发展，以及坚持内涵式发展道路指引下的可持续发展等方面着手提升服务能力。非遗融入高校教育极大提升了高校在社会服务中的应用能力及实践结构，“中国非物质文化遗产传承人群研培计划”培训成果展如图 5-4 所示。

图 5-4 “中国非物质文化遗产传承人群研培计划”培训成果展

5.7 甘肃省非遗融入高校的国际交流合作

5.7.1 以非遗融入高校教育促进国际交流合作发展

5.7.1.1 与时俱进，深化甘肃省高校国际化的理念

随着经济全球化、“一带一路”倡议的不断深入，高校参与国际交流与合作的机会逐渐增加，越来越多的高校把国际化办学纳入学校的发展规划中。虽然甘肃省大多数高校坚持开放办学，但是通过对教师的访谈得知，目前甘肃省高校国

际化理念具体落实还不到位，教师对国际化理念的体会不深入，国际文化交流氛围不浓厚。因此，推进甘肃省非遗事业有利于学校间交流内容，坚持全面落实好国际化的高校间合作办学理念，可提升教师对国际化办学的认识，促进师生积极主动参与国际交流，这将提升建设浓厚的校园国际化氛围，促进建设国际化的师资队伍，培养出更多的国际化技术技能型人才。

5.7.1.2 高校以非遗产品传播传统文化价值，营造校园国际化的氛围

营造浓厚的校园国际化氛围，有利于进一步落实国际化的理念。在全面浏览西北民族大学官网查寻有关国际交流合作的资料时，作者了解到该校有关发布国际交流信息的网页建设不全面，很多有关此方面的信息网页内容不具体，也没有设立英文或其他语言的网站。然而作者在兰州职业技术学院官网查询信息时，发现该校并没有专门设置英文的国际交流网站信息，且兰州职业技术学院以非遗学科专业作为学校学科建设的重点工作，却在自身国际化办学合作交流方面为空白。因此，甘肃省高校应逐步加设英文或其他语言网站信息，并从各个方面完善页面信息，把有关学校国际交流的动态信息及时更新，重点突出传统文化内容，国际化办学特色内容，提升师生对国际交流信息的吸引力。此外，应加强地方文化特色，加大宣传力度，加强文化输出，营造浓厚的校园国际化氛围，建议高校可以定期邀请国外知名专家、学者到校进行文化或学术讲座，也可以及时组织回国师生举办交流分享会，在举办讲座或交流分享会的过程中，要重视全校师生参与的积极性，对民族文化的认同感提升及热爱。

5.7.2 非遗合作交流促进国际交流与合作的全面发展

5.7.2.1 获取政府扶持，保障国际交流实施

高校国际交流与合作的顺利开展需要以大量经费为保障。建议政府要建立健全的有关院校国际交流与合作的财政政策，加大院校国际交流与合作的扶持力度，保障院校与国（境）外高校交流与合作的进一步开展。高校要积极响应国家号召，把握发展机遇，向国家争取更多的国际交流与合作发展经费。在“一带一路”倡议的背景下，高校国际化办学有更多的机会获得国家资金的支持，院校可依据“一带一路”沿线国家的重点项目建设、特色产业等方面的需要，整合优势资源开展特色专业，获得国家资金的支持，以促进院校的国际化建设。

5.7.2.2 争取社企支持，拓宽资金来源渠道

高校要开展好国际交流与合作工作，充足的经费必不可少，高校积极向政府寻求资金支持之外，还需要积极拓展其他资金来源渠道。第一，争取合作院校经费支持，甘肃省高校在开展学生国际交流的过程中，学校不仅自身不断加大经费投入，而且积极多渠道争取资金，学校既积极争取甘肃省政府和兰州市政府的留学生奖学金项目，以吸引留学生来华留学的积极性，也积极向合作院校争取减免

学费、学校奖学金等项目，以吸引学生出国学习交流。第二，争取地方企业经费支持，高校与合作企业建立了良好关系，并获得企业的大力支持，整合优势资源。创立“校—企—校”办学模式，培养更多国际化人才。第三，争取社会的资金支持，高校通过培养更多国际化技术技能人才，服务社会经济发展，而吸引社会对其国际交流与合作的开展提供资金的支持。

5.7.2.3 加大经费投入，促进国际交流的开展

高校获得开展国际化办学的经费之后，应有规划、有重点地投入到国际交流与合作的开展中。(1) 在学生国际交流方面，成立学生国际交流专项资金，吸引优秀的学生出国交流学习；(2) 在教师国际交流方面，增加教师出国交流名额，加大经费支持教师语言培训，增加长期项目交流，促进教师专业技能的提升；(3) 在国际优质教育资源交流方面，积极引入国际职业标准、课程标准和跨国企业人才培养标准等，推进更多专业国际化的课程建设，同时，根据“一带一路”沿线国家的实际需要，开发特色的国际化课程；(4) 在中外合作办学方面，为满足师生的实际需要，要做好调研工作，包括校内师生对合作办学项目的需要和深入了解国（境）外合作院校的办学情况，做到有针对性地加大合作项目的投入，以促进中外合作办学质量的提升；(5) 在国际学术文化交流方面，加大经费支持力度鼓励师生参与优质的国际会议，积极营造浓厚的校园国际化氛围，提升师生出国交流的意愿。

5.7.3 构建完备的管理体系促进国际交流与合作的可持续发展

5.7.3.1 增设服务科室，落实国际交流项目

高校国际交流活动具体实施及活动，是一个复杂且烦琐的工作。作者在参与西北民族大学美术学院与俄罗斯列宾美术学院国际课的活动中，切身感受到课程进行中的不足与缺陷。例如，在课程中，课程所需要的教室经常变动就直接影响了课程实施的效果。(1) 学校的国际课程教室储备不足，导致各学科及专业经常出现争抢教室的情况；(2) 没有专业的教室进行国际课程学习，以美术专业为例，教室没有配备美术专业学生和教师上课所需的教学用具；(3) 学校在国际课程交流中，没有专门配置的翻译部门及工作人员，课程进行的效果没有最大化。所以甘肃省高校在国际交流中，各高校应成立专门的国际交流部门，专业部门负责中外合作办学项目、来访、出访、教师出国培训等工作，因此，高校要根据自身实际情况在国际交流处机构内设置相关科室部门，将不同工作职责划分到不同科室与部门，科室部门之间既要分工明确，又要保持密切联系，落实好各项国际交流项目，促进院校国际交流与合作的发展。

5.7.3.2 增加专人配置，建立健全管理机制

高校开展国际交流与合作需要完善的管理机制作为重要保障，甘肃省高校应

逐步开放办学并成立专门的国际交流合作管理机构，这对学校国际交流与合作的顺利开展起着重要的作用，从作者的切身体会上看，高校及学院间国际交流处配备的工作人员较少，还不能满足学校实际开展国际交流与合作工作的需要，因此，建议高校要增加专职工作人员的数量，以促进学校国际交流工作的进一步开展。在专职人员的招聘上，要有严格标准以用于选拔人才；在专职人员的培训上，要有成熟的培训制度对其定期培训；在职责的分工上，要有明确具体的分工，每一个项目都要有专人推进，专职人员的配置非常重要。为进一步与这些高校开展实质性的合作，就需要有专人与合作院校加强联系，促进合作项目的发展。

5.7.3.3 建立反馈机制，提高国际交流质量

完善的反馈机制有利于国际交流与合作的可持续发展。高校间国际交流的意义表现在学科建设及教学质量的体现中。根据对教师的访谈，发现学院教师的教学任务繁重、国际交流处工作人员的工作量大等诸多原因，使两者之间有缺乏交流和联系不顺畅等诸多问题。因此，建议高校要建立完善的反馈机制，促进各学院教师与国际交流部门沟通，提高国际交流质量。高校要为学院教师提供多元反馈信息渠道，如教师通过在学校官网、公众号等途径将信息、建议反馈给国际交流部门。同时，国际交流部门要有专人负责浏览教师信息反馈，并及时处理相应的留言。高校也可以在各学院设负责国际交流事务的专职人员，其工作职责主要是整理学院老师的关于国际交流信息的反馈；了解该学院专业的国际交流合作的动态信息；寻找适合学院合作有关国（境）外高校的信息；将学院有关师生反馈的信息及时与国际交流处教师联系；从国际交流处了解到的信息及时反馈给师生等。这样有利于国际交流处及时获取学院对国际交流资源的需要，学院也能及时获取国际交流的动态信息。

高等教育国际化已是一种必然趋势，国际交流与合作是高等教育实现国际化重要途径。以非遗为起点参与国际交流与合作对促进高校的教学、科研、社会服务等方面的发展有着非常重要的作用。将非遗事业融入高等教育，并且成为高等教育的重要组成部分，使甘肃省非遗事业积极开展对外交流与合作，同时培养具有国际视野、国际思维的高水平技术技能人才，以满足社会经济发展的需要。

“一带一路”倡议的提出，在理论上为我国高等教育的不断发展提供了新的发展思路。以“一带一路”为契机，不断推进与世界各国的开放、包容、互利互惠，促进共同繁荣与发展，培养国际化的人才具有重要意义。甘肃省非遗融入高校教育体系的实践中，现阶段还未具体实践非遗专业项目国际化交流合作。其主要原因在于这几年受疫情的影响国际化交流活动大幅度减少，同时在非遗实践高等教育结合的事业中，许多项目或者想法还需要周期性慢慢完成，在没有阶段性成果的前提下无法进行更深阶段的实践活动。但是在非遗融入高校的国际交流

活动中，甘肃省读者出版集团已经提供了发展的思路及实践设计。作者通过参与新闻出版集团中俄高等教育国际合作的活动，并且以俄罗斯留学背景为基础条件，发现在研究甘肃省出版集团中俄高等教育国际合作，“以点带面”把甘肃省非遗项目或者非遗教育作为国际之间高校交流合作的发展点。有助于填补甘肃省区域的高校国际合作研究项目。在“一带一路”倡议支撑下对甘肃省高校与俄罗斯高校的国际合作进行深入研究，研究现状、问题及对策。对提升甘肃省教育在全国的教育实力具有重大意义，同时也为甘肃省今后研究国际高等教育合作提供理论依据。高校教授讲座如图 5-5 所示。

图 5-5　高校教授讲座

5.8　甘肃省非遗融入高校办学环境建设中

5.8.1　非遗事业促进地方经济发展并强有力支持高校办学

地方的经济状况既能影响地方高校的办学局面，也能影响地方高校的特色化进程。如果当地经济景气，当地的适龄青年更愿意接受高等教育，而且对于就业及社会发展提供助力。非遗事业的注入提高了高校的专业方向并且增加了当地的就业。经济层面中非遗事业的发展可以变相带给地方政府增加高校经费投入，从而实现可循环发展。

5.8.2　非遗融入高等教育有助于地方科研文化成为高校特色化的催化剂

所谓科研文化，即指尊重科学、崇尚科学、尊重人才、善待人才的文化。一方面，地方的科技水平越高，科教兴县（市）意识越强，尊重科学、尊重人才的风气越浓，对地方高校毕业生的容纳量就会越大；另一方面，非遗融入地方高校推出的科研成果和社会服务就会有广阔的用武之地，其培养的人才之水平及推出的科研成果之价值就会得到充分体现，这些无疑能够大大促进地方高校的特色化。

5.8.3 非遗融入高等教育有助于高校建设良好的用人环境

培养人才是高等教育的根本功能，一所高校就是一个大型的“人才加工厂”。如涓涓细流、百川归海，高校所培养的人才，最终要流向社会各个产业的终端。对于地方高校来说，其培养的技术与管理人才最终理应流向当地各类产业的各个部门和各个环节。然而现实的情况是：一方面，服务地方经济和社会发展的人才奇缺或人才青黄不接；另一方面，地方高校的毕业生就业甚难，不能在地方正常消化而大量流失。造成这种“人才消费怪圈”的原因有很多，但最根本的原因是缺乏一个良好的用人环境，致使用人单位与毕业生在双向选择时盲目攀高，难以实现“人尽其才、才尽其用”。所以非遗融入高校助力于高校人才及用人环境的建设，使“人才消费怪圈”不再加剧。

5.8.4 非遗融入高等教育有助于改善地方高校精神风貌

任何个体在生长与发展过程中都会直接或潜移默化地受到其所在地域环境的影响，地方高校也不例外。非遗能够成为地方高校精神表现出的特征之一，使地方高校作为一个特殊的个体，在其特色化过程中或多或少地受到当地精神风貌的影响。一方水土孕育一方特色、蕴涵一校风格、促成一校人才是顺理成章的事情。所以非遗融入高校教育对高校建设精神风貌具有直接和间接的参与和影响。

5.8.5 非遗融入高等教育有助于调动各高校的办学积极性

由于目前有些高校办学定位层次不清，给高校带来了不利的影响，严重地挫伤了一些高校办学的积极性。一些名牌大学利用其拥有的优质无形资产和教育资源，在进行高层次办学的同时，还向低层次办学扩张。他们既培养研究生，又培养高职高专生。这既不利于它们集中精力培养好高层次人才，又不利于教育资源和无形资产的合理运用，甚至还影响到高职高专院校的生源，影响到高职高专院校的办学水平。其结果是生源越来越多地流向高层次的名牌大学，加快了这两类高校之间的两极分化。而高职高专院校办学规模相对较小，达不到最佳办学规模，办学成本较高。这不仅仅影响到公办高职高专院校的办学积极性，而且还严重地影响到其他民办和社会力量办学单位的积极性，从而严重地影响了它们对教育的投入。这既不利于和谐教育环境的建设，也不利于高等教育事业的发展。非遗在高等教育的融入中，可以有利于划清专业及院系之间的学科。例如，甘肃省文理学院成立非遗博物馆及专业、兰州职业技术学院成立非遗的专业学科，使得高校之间办学的思路及动力各有划分，逐步清晰明确，对调动高校间的办学积极性起到了重要作用。

5.8.6 非遗融入高等教育充分利用高校的各种资源

我国高校办学层次较为分散，层次特色不突出，特别是一些评价机构不考虑大学的办学层次特征，盲目对大学进行排名，从而使人们产生一种误解，以为高层次的大学无论在哪一层次办学，办学水平和办学质量都高于一般大学，致使不同层次的考生都愿意报考高层次的名牌大学，于是，优质生源也就流向这些大学。所以，许多高校不是把学校重心放在提高教育质量上，而是不顾一切地提高办学层次。高职高专院校盲目上本科，本科院校争上硕士点、博士点，培养研究生，办研究型大学。其结果是社会急需的技术应用型和技能型人才供给不足，本科生供给过剩，就业困难。这种情况又使本科生凭借着其学历高于专科的优势，在找不到自己适合的就业岗位时，就向适合高职高专学生就业的岗位寻找出路，挤占了高职高专学生的就业市场，甚至还出现研究生挤占本科生就业市场的现象。这既浪费了人才、又浪费了教育资源。同时由于这些人所从事的工作与其所学习的专业知识、专业技术不一致，在工作岗位上所发挥的作用也会受到影响，满足不了用人单位的要求，甚至可能给用人单位造成损失，对高校造成不良影响。因此，非遗融入高等教育，有助于高校的办学层次进行合理定位，这样才能有效地利用其无形资产和有形资产，合理配置教育资源，充分发挥各自资源优势，构建和谐的教育环境。

高校在发展过程中，应根据其办学历史、学科分布、专业结构、办学特色、师资队伍、科研基础等因素来明确自己的办学环境建设。众所周知，地方高校大多是为满足某一特定地域的经济和社会发展对人才的需求而兴办的。某所地方高校的服务地区和其所在地区的经济、科技、文化及当地的相关政策与人们思想观念的差异，从客观上对地方高校的人才培养和科技开发提出了带有地方色彩的要求，它们无疑直接影响着地方高校特色化的内涵与进程。非遗融入高等教育给予了地方高校在办学环境建设中的新思路和条件。高校在办学环境建设中需要制定出科学、合理、可行的定位目标，确定自己的办学层次，这样才能使学校办出自己的特色。走上健康、快速发展的轨道。良好的办学环境是地方高校特色化的保证。因此，营造良好的办学环境对于地方高校特色化进程来讲至关重要。

5.9 甘肃省非遗融入地方高等职业教育的建设

为实现中国经济持续增长和经济转型发展，高等教育的发展作用重大。为此，本书探索非遗融入高等教育的模式，研究高等教育如何进行结构性调整，以利于就业和产业结构的优化。在新时代经济体系中，劳动力的需求已经发生了多种多样的改变。无论是职业教育还是高等教育对于未来国家的发展和经济发展来说均是必需的。因此，在非遗融入地方高等职业教育的过程中应正确处理高等教育与职业教育的关系和结构，不应有所偏颇。

近年来，随着中国成为“世界制造中心”后，国家着力发展高等职业教育的呼声不断提高。纪宝成2005年指出，中国高等教育结构性调整的主要任务是大力发展职业技术教育。齐福荣根据发达国家经验，认为高等教育应以职业教育为主。职业教育已成为衡量国家综合实力和人力资源的重要指标。“十五”以来，经济和产业结构的优化调整并快速升级，国家社会发展对高等职业教育人才的培养质量、结构、特色、成效提出了新的任务和要求，这也意味着高等职业教育面临着新时代的发展机遇期。国家从政策上支持职业教育发展，职业教育市场规模不断扩大，并向高端移动；国家加快了职业教育体系的构建，完善支撑职业教育科学发展的保障体系：打造一支专兼结合的高素质职业教育教师队伍，基本形成覆盖城乡的优质职业教育资源网络，建成一批世界一流的职业院校和骨干专业。发展中也存在问题，高等职业教育未来如何促进地方经济发展，如何寻找新的连接点为地方政府与学校和用人单位提供平台交流，同时也为职业教育提供相应支持政策，以保证基础稳固的发展。另外，应加强职业培训功能，为教育提供多种途径。

高等教育的本源就是进行专业教育，在高等职业教育需求不断增强的形势下。专业内部的教育既需要有应用型人才也需要有研究型人才，这两类人才都不可或缺。所以不应当只一味单方面强调职业教育或学术教育两点，应该把两方面都着力发展。

（1）以非遗融入高等职业教育加强创业创新教育。深化高等职业学校创新创业教育改革，是国家实施创新驱动发展战略，也是推进高等职业教育综合改革的举措，推动与促进高校或高职毕业生更高质量创业就业。近年来，高校在不断加强创新创业教育的发展，对提高高等教育质量、促进学生全面发展、推动毕业生创业就业、服务国家现代化建设发挥了重要作用。以非遗融入高等教育为创新方面，进一步促进就业结构和产业结构的优化。

（2）以非遗融入高等教育的模式促进产业经济发展。在创造经济价值的基础上完善创新创业资金支持和政策保障体系。非遗能够为地方带来财政支持与帮助，同时各地区、各有关部门要整合财政和社会资金，来支持高校学生创新创业活动。各高校要优化经费支出结构，多渠道统筹安排资金，支持创新创业教育教学，资助学生创新创业项目。地方政府应设立非遗等形式的专项基金来鼓励创新创业教育作出贡献的单位。以社会组织、公益团体、企事业单位和个人等多种形式来设立大学生创业风险基金，鼓励地方非遗企业的加入，建立校企合作提高扶持资金使用效益。深入提升实施新时代下的大学生创业引领计划，落实各项扶持政策和服务措施，重点支持大学生到新兴产业创业就业。

(3) 以非遗融入高等教育的模式明确创新创业人才标准。高校应明确将培养“创新精神”“创业意识”与符合能力需要的人才制定相应的培养方案，明确本科、高职高专、研究生创新创业教育目标，同时提升校企合作部门、科研院所细化创新创业素质能力要求。以非遗参与高等教育的成果和职业技能需求，使行业企业参与制定和修订专业人才评价标准的相关工作。

(4) 非遗融入高等教育模式促进教师创新创业教育教学能力建设。当地高职院校首先要明确教师创新创业教育的责任，完善专业技术职务评聘和绩效考核标准。逐步完善创新创业教育与创业就业指导的专职教师队伍，聘请各领域专家学者、创业成功者、企业家等优秀人才，担任专业课、创新创业课授课或指导教师，并合理灵活制定兼职教师管理规范守则，以非遗融入高等教育模式为介入点，将教师如何提升创新创业教育的意识与能力积极参与岗前培训、课程轮训、骨干研修等重要内容学习，建立相关专业教师与学生到行业企业挂职锻炼学习制度。加快完善高职院校科技成果转化和收益分配机制改革。

(5) 以非遗融入高等教育模式建立创业指导中心，提供创业指导服务。各地区、各高校要建立健全学生创业指导服务专门机构，做到“机构、人员、场地、经费”四到位，可以探索在非遗项目或培养的学生进行自主创业实行持续帮扶、全程指导、一站式服务。以非遗创业机制为试点，促进高等教育就业健全持续化信息服务制度。完善学生创业服务网络功能，建立地方与高职院校两级信息服务平台。解读国家政策、关注市场动向，并做好创业项目对接、知识产权交易等服务。以非遗融入方式方法鼓励高校自主编制专项培训计划，或与有条件的产业机构、行业协会、社区团体、企业联合开发创业培训项目。各地区和具备条件的行业协会要针对区域需求、行业发展，发布创业项目指南，引导高校学生识别创业机会、捕捉创业商机。

5.10 甘肃省非遗融入地方高等教育的课程开发模式

甘肃省非遗融入地方高等教育的课程开发模式是依托于高校课程的开发模式机制，核心是甘肃省地方高校非遗课程，而甘肃省地方高等教育的非遗课程的总体定位是在甘肃省地方高校课程基础上的补充，非遗课程开发主体具体体现在几个方面：科目内容、实施形式、实施结果等。(1) 就开发主体而言，甘肃非遗融入地方高等教育课程的开发主体以高校为核心，甘肃非遗融入地方高校课程开发参与主体，是对以国家教育部为核心的国家课程开发主体的补充；(2) 就开发的科目内容而言，甘肃省非遗地方高等教育的课程各科科目内容是在甘肃省现行的国家课程各科基础内容上的补充与学理延伸；(3) 就开发实施形式而言，甘肃省非遗地方高等教育的课程囊括校内外、线上下、理论和实践、合作与探究的综合式实施形式为主，这种开发模式也为国家课程注重“校内课堂理论学习”这种开发实施形式的补充；(4) 而对于实施结果来看，甘肃省非遗地方高等教育的课程实施评价中师生教学过程的情感体验，是对国家课程重师生教学结果形式支撑的补充。总之，甘肃省非遗地方高等教育的课程开发是适应了地方教育的需求，也是对国家课程的补充方式之一，甘肃省非遗地方高等教育的课程开发的补充模式具有几个优势。第一，甘肃省非遗融入地方高等教育的课程开发模式依据国家课程科目框架下的分科开发，并不是设计一门综合课“甘肃非遗课”。这样既不会因为学习科目的增加而加重负担，也不会因为现有教授非遗课程教师综合素质的欠缺而使得“非遗课程”的出现不稳定或缺乏层面的困局，相反，教师可以发挥集中优势在擅长的单科科目教学框架下凭借自身的专业素养对有关的甘肃非物质文化遗产进行专业授课，这也使得学生学习可以更贴近现实的科目从中获得亲切感与认同感。第二，甘肃省非遗融入地方高等教育的课程开发模式与实施结果的补充性，在丰富学习体验基础上提高学生综合素质。转换学生的主动学习行为，也能够实现满足甘肃省非遗融入地方高等教育的课程开发模式中的人文关怀目标。第三，甘肃省非遗融入地方高等教育的课程开发模式不会改变现有的基础教育阶段教育格局，不是狭隘的地方民族主义思潮，而是体现地方教育的创新探索以中华民族多元一体格局下发展，也是传承中华民族优秀传统文化在高等教育阶段的努力追求，是以少数民族为主的当地人民对自身文化基因的理性发展。

甘肃省非遗融入地方高等教育课程开发模式的流程从理论上讲，包括前、中、后三个阶段的工作，从狭义上讲，其具体工作包括调查研究本地课程资源、确定本地课程目标、编制课程标准、选择课程内容，而开发前需要准备人力、财力、物力等有效工作，开发后的课程实施及评价工作均属于地方课程开发保障机制的范畴。一般所探讨的甘肃省非遗融入地方高等教育的课程开发模式流程是狭义层面上的地方课程开发。相应地从广义上讲甘肃省非遗地方课程开发也应围绕几个步骤施展开来。

(1) 调查甘肃省非物质文化遗产中的课程资源。由省教育厅、文化厅、非物质文化遗产保护中心、高等院校、科研院所、其他学术团体等单位的负责同志组成的非遗地方课程开发领导小组，组织当地的课程专家、教学专家、教学科研人员、非物质文化遗产保护中心工作人员、地市级教育文化非遗保护部门等对自治区非物质文化遗产资源分门别类进行摸底调查分析，为后续甘肃省非物质文化遗产地方课程建设提供丰富而有价值课程内容与资料线索脉络准备。在进行课程资源调查时包括：书面记录、图片影像资料、非遗实物、传习基地等甘肃省非遗的文本载体都应列入课程资源库中。

(2) 确立甘肃省非遗地方课程开发目标。对甘肃省非遗课程资源进行全面普查，在此基础上要科学合理地确定非遗地方课程的开发目标方向。如果把甘肃省非遗地方高等教育课程开发的目标分为总体目标、一般目标和具体目标三个阶段解读，那么总体目标体现的是国家课程的目标，一般目标是符合国家课程目标基础上的地方课程价值追求，具体目标是实施过程中的具体教学目标。从技术层面理解，甘肃省非遗融入地方高等教育的课程模式开发目标必须在知识与技能、过程与方法、情感态度与价值观三个维度展开。同时在教育的不同阶段，甘肃省非遗地方课程的目标也应保持连贯性和层次性的统一。甘肃省非遗地方课程开发目标本身也应具有地方和学生与课程发展而保持稳定性与灵活性。

(3) 制定甘肃省非遗融入地方高等教育的课程开发模式的标准。课程标准是课程目标的具体化。甘肃省非遗融入地方高等教育的课程标准是甘肃省非遗地方课程目标的细化过程，是保证甘肃省非遗地方课程目标实现、指导非遗地方课程实施的有效准则。如果以甘肃省非遗地方课程开发目标的层级决定，那么甘肃省非遗地方课程标准也分为总标准、一般标准、具体标准等。甘肃省非遗融入地方高等教育课程总标准是从地方课程指导思想、开发思路的宏观说明。甘肃省非遗地方高等教育课程一般标准则是对地方课程中某一课程的课程理念、课程性质和特点、课程宗旨教学实施建议、课程内容意义的标准中介绍，而甘肃省非遗融入地方高等教育课程的具体标准则是对具体课程内容标准的详细说明。

(4) 选择甘肃省非遗融入地方高等教育课程开发模式的内容。甘肃省非遗融入地方高等教育课程开发不是对甘肃省非物质文化遗产的完整拷贝，而是切实在课程开发理论的指导下，对课程调查分析几个阶段建设起来的非遗资源库中的非遗资源进行筛选与识别，将具有教育价值意义、时代象征价值、人文观念意义并具备课程开发条件的甘肃省非遗本土资源进行整合。将其融入高等教育开发的课程，选择地方非遗课程内容时既要考虑非遗本身的教育和科学性，也要符合不同年龄段学生的认知水平和身心健康发展水平。把握教师授课中的业务能力水平，还要兼顾课程后续实施的条件性、安全性。保障学生为主体与学习客体（甘肃省非物质文化遗产）还有环境资源（设施和教学条件）、学习载体（地方课程）之间的充分配合与净化。

(5) 编制甘肃省非遗融入地方高等教育课程开发的模式。这里的甘肃省非遗融入地方高等教育课程既包括义务教育阶段所有的非遗地方性教材，也包括相应的教学参考资料和一系列甘肃省非遗地方性教材指导下的课程实践活动。编制甘肃省非遗地方高等教育课程是对选择课程内容后把甘肃省非物质文化遗产能够进一步提升与发展的途径，也是将筛选后具有符合教育教学科学性、学生身心发展特点、具备实施条件的甘肃省非物质文化遗产的有效价值进行提炼，在确保内核不变的基础上把符合教育规律与时代精神的表现形式作合理化精炼化的改编，促进甘肃省非遗在高等教育基础阶段的创新性传承发展。编制甘肃省非遗融入地方高等教育课程并不是将所选择的非物质文化遗产资源照搬不变地引入课程，而是需要集中教育力量、集课程专家、教育专家、非遗专家、社区等因素使课程开发主体为合力，对引入地方高等教育课程的甘肃省非物质文化遗产资源进行涵化，真正做到服务地方发展、教育发展、非物质文化遗产发展。

5.11 非遗融入地方高等教育的课程开发模式实例

5.11.1 西藏非遗语文地方课程开发案例

将我国人民艺术家老舍先生根据萧崇素整理的西藏民间故事《青蛙骑手》改编的《青蛙骑手》儿童剧引入小学高年级或初中低年级语文课程。《青蛙骑手》故事表达了藏区人民对自由、民主、美好的生活的向往与憧憬，小青蛙身上体现出来的勇敢、善良、正义、智慧就是藏族人民自古以来的内心寄语，看到《青蛙骑手》中的小青蛙就会使人联想到《丑小鸭》里的丑小鸭（小天鹅），他们都共同反映了这样一个道理：外表的丑只是暂时的，而内心的美则是永恒的。老舍先生对这一西藏民间故事进行艺术化加工后，使故事情节更为集中、人物形象更加鲜明，故事的逻辑性也更具说服力，可直接进入语文课程供学生赏析，培养学生热爱现实生活的态度，在学生心中树立起“人人平等”的价值观，让学生感受西藏古老智慧的思想光芒。

5.11.2 甘肃省非遗体育地方课程开发案例

被称为“藏式斯诺克”的藏式台球“吉韧”，也叫克郎球，是一种不用球杆的台球，距今已有300多年的历史，因其浓厚的趣味性、较强的技巧性、简明易学和老少皆宜、器具的简单性、锻炼手指的灵活性、实施的相对安全性等特点，深受广大藏民的喜爱，如今在甘南藏族自治州的一些娱乐地区鲜见人们的玩耍，能将“吉韧”引入少数民族地区体育课程中，既可以丰富学生的体育文化生活，也能让学生在体育运动的过程中感受并传承发展这一非物质文化遗产。甘肃省各地区利用体育非遗开发能够为广大居民和旅游者广泛观赏、参与的竞技比赛，使群众在比赛中认知文化，在比赛中感受文化的魅力，使文化在群众中生根发芽。

竞技类、棋类体育非遗，如叼羊、姑娘追、万人扯绳赛等可以在当地举办国内甚至是国际体育竞赛项目，使之成为新的旅游吸引点，吸引全国优秀参赛选手前来参赛，吸引游客来观看竞赛，且能在客观上延长旅游者停留时间，加深其对当地文化的体验度。观赏娱乐类与比赛竞技类体育非遗如张掖市黄河灯阵、高跷表演、博弈游戏、夺腰刀等还可以在春节、清明节、端午节、赛马会、旅游文化节、乡村文化旅游节等民族传统节日和旅游文化节会活动期间进行展演、游戏竞赛，借以提高当地节会的吸引力和知名度。

此外，可以深入开发“藏式舞多地舞”，多地舞是记录甘南地区羌族和藏族历史文化的载体，是羌藏文化交融的产物，舞蹈中积淀了羌藏人民的社会文化心理，在凝聚羌藏群众精神方面具有重要意义。将绚丽多彩的藏式舞蹈中的基本动作——“跳、颤、开、顺、舞袖等”融入节奏轻快的广播体操中，运动与娱乐、传统与现代相结合的新模式会让学生耳目一新，同时尽享运动的艺术美，感受传统的现实光芒，所以将集体育锻炼意义与社会意义于一体的少数民族舞蹈引入地方体育教学有很大的可行性与现实必要性。

5.11.3 甘肃省非遗音乐地方课程开发案例

对于甘肃省非遗地方音乐课程的开发，可以从甘肃的自然、人文、历史环境中寻找创作素材，也可以将民间儿童歌谣收集整理并改编为符合现代儿童音乐感受需求及音乐理解能力的优秀学习内容引入地方课程，重视传统文化及非物质文化遗产的传承，将民间音乐纳入高校音乐专业教材，能培养出高素质的音乐人才。陇东通常就是指甘肃省庆阳市周围。陇东民间文化包含两种民间音乐：一种是戏曲音乐“陇东道情”，就是这个地方的皮影戏，另一种是“陇东鼓吹”，又称为庆阳唢呐。这两种民间音乐都列入了国家非物质文化遗产名录，受到当地民间及政府的高度重视，也引起了国内高校的关注，从而引入高校音乐课堂教学，必将推动我国民间音乐继续传承，向前发展。“陇东道情”的艺术特征是韵散间用、半白半唱及一人多角等，具有综合性与舞台表现的特征性，主要伴奏乐器是唢呐、二胡、简板及四弦等，代表性的剧本是《九华山》《王岐怕老婆》等。“陇东鼓吹”至今存在400多年历史，曲牌丰富，风格独特，有496首录入《庆阳市民间器乐集成》，其特点是音量大、声响连贯、音色纯净高亢、婉转悠扬等，演奏者是半职业农民自由组合，人数不限，几个或十几个不等，通常在地方红白喜事表演，具有代表性的作品是《水龙吟》《终南山》《黄鹤楼》等。将陇东民间音乐纳入高校音乐专业教材，既充实了较为单薄的音乐教材，又有利于传承民间音乐，提高音乐专业学生对民族文化的自觉保护意识，更有利于培养综合素质过硬的音乐专业人才。非遗视域是从我国非物质文化遗产视域角度看待问题。陇东民间音乐已经属于我国宝贵的非物质文化遗产，是我国文化艺术的重要组成部分。继承我国非物质文化的精髓、传播陇东民间音乐，打造一支综合素质强大的音乐教师队伍，打造一支综合素质过硬的陇东民间音乐教师队伍，学校为教师提供外出学习的机会，委派教师参与陇东民间音乐活动，利用网络远程学习，建立教师与民间音乐艺人的合作机制等，不断提高音乐教师队伍的业务素质，彻底改变高校音乐教育的落后现状，适应时代发展需求，满足学生发展需求，才能实现我国非物质文化遗产的高效传承。

6 甘肃省非遗资源的活态保护

6.1 丝绸之路甘肃省非遗传承

在当今的生存环境下，文化的存在是一种状态，而文化创新是一种追求、一种价值取向下的探索。在艺术发展不断多元化的今天，我们之所以重提“文化创新”这个概念，就是要更多地关注艺术创造及探索如何才能避免迷失于技术及现实的丛林，沿着文化的坐标，主动而又自觉地向着文化精神的高地前行。文化创新性与创造力将决定一个民族的文化能在世界民族之林中伫立多久，同样也将决定一种文化在人类发展的大视野中究竟能够走多远。由此可以看出，创造力是中华民族文化发展的灵魂。中国文化在世界文化的交流与对话中要向其他国家展示的并不是一一罗列的烦琐、驳杂的文化品类，而是中华文化所散发出的创新性与创造力，这是中华文化在世界文化中屹立的资本，也是吸引其他国家来学习、了解并热爱中国文化的魅力根源。然而，在充斥着时尚与物欲的当代社会，创造力如同天然能源一样稀缺而珍贵。在我们为中国艺术及中华文化的创造力日渐面临枯竭而感到失望之时，中国非遗犹如一股清泉活水为我们送来了甘甜。异彩纷呈的中国非遗之所以能够从遥远的古代走到现代，不仅是因为其旺盛的生命力和不屈不挠的自强精神，更是因为其丰富的创造力与极大的创新性。我们认为，中国非遗的境界实现了对中国传统世俗文化的一种超越，也可以说是一种回避、一种文化意义上的逃跑，这与中国传统文化至高境界中热爱思辨与哲学是一脉相通的。在中国传统文化意识里，这种热爱被转化为一种艺术家对哲学的偏好。他们是在哲学而不是在宗教中找到超越现实世界的那种自在与存在。同样，也是在哲学世界里，他们体验到了超越伦理道德的价值。中国非遗使人体验到质朴的美，人又是按照美的规律来创造世界的。因此，人们从非遗中挖掘到的就是创造的价值。可以说，如果没有丰富的创造力，中国非遗即便再顽强，也会被历史的更新换代所淘汰。中国非遗为中华文化的创新送来了希望之光，其令人拍案叫绝的创造性是民族文化创造力汩汩不竭的源泉、富足的矿藏。我们也可以推断，只要中国非遗之花不落，中华文化就不会面临因缺少创造力而招致灭顶之灾的危险。中国非遗以其神奇的“想象力+创造力”向世人述说着非遗的魅力，诠释着民族优秀传统文化延绵永续的创造力和生命力。

中国非遗是中华民族文化精神生发的沃土，原因在于：

第一，中华民族文化精神的实质是生生不息，而中国非遗恰恰蕴含了生生不息的顽强精神。20世纪80年代，学术界对中华文化精神给出了一个公正的含义，即中国文化本质上是一种刚健有力、崇德利用的文化，这种生生不息自强自立的精神成为中华民族文化精神发展的内在动力，而中国非遗随处可见这种中国文化。毋庸置疑，中国非遗是民间文化的一种表现形态。我们只要对中国民间文化稍作研究，就会很容易地发现，中国民间文化到处蕴含或洋溢着强烈的生生不息和自强不息的意识与内涵，表现于家庭、个体、家族族群上，中国非遗是中华民族庞大文化之树的根基之一，也是支撑和凝聚民族文化精神之所在。第二，中国传统艺术是中华文化精神的家园，而中国传统艺术与非遗又有很大的交叉性和包容性，主要体现在它们所承继的思想和表现形式上。从承继的思想来看，无论是中国传统艺术，还是非遗，它们的文化精神均来自对同一文化的传承。例如，天人合一的思想境界。非遗中也透出了对天人合一的普遍认同，天人合一不仅指人与自然的和谐，也表达了中国人对万事万物、人生理想、人生境界的追求。中国非遗从来就不缺乏这种理想与境界。从艺术表现形式来看，长期以来，中国传统艺术以线条作为主要的造型手段，通过对线条艺术化的运用，同时讲究留白、虚实相生、阴阳互补，从而达到了既有变化又富有和谐美感的整体审美效果。

6.2 甘肃省非遗逐步成为我国文化事业与文化产业的重要组成部分

甘肃省非遗发展成为文化产业与中国文化事业的重要组成部分，是中国非遗扩大影响力的重要环节，也是中国非遗成为中华文化发展支柱的基石之一。目前，中国非遗的发展已经显现出了其作为我国文化事业与文化产业重要组成部分的势头，表现在几个方面：

首先，甘肃省的文化事业与文化产业必须立足于中国文化与现代生活方式的结合，而甘肃省非遗很好地实现了这种结合。例如，手机的普及使得每逢佳节，人们都会通过短信来互相问候。最初，大多数的短信停留在文字层面，难免单调，后来，人们将非遗中的形象载体、吉祥图符和吉祥用语结合起来，对短信进行包装，使传情达意不再枯燥与乏味。

然后，甘肃省非遗对我们可持续发展的生活空间发挥了充分的装点作用。当然，这种装点源自中国民众的文化心理，而这种文化心理恰恰是文化产业与事业发展的基因。对于中国人而言，吉祥心理是普遍拥有的心态。丰富多彩的非遗形式的主题是统一的，即求生——追求生命繁衍，趋利——追求生命质量，避害——追求生命护佑，这三者的内涵都可被视为追求吉祥。在中国非遗项目中，鸳鸯戏水、龙凤呈祥的图案经常表现在非遗产物中，而这种与生命延续相关的是追求生活吉祥；封侯加爵、辈辈高升这种体现功利心理相关也是追求吉祥；抓髻娃娃、驱邪门神这种与化解灾害相关的也是追求吉祥。恒定的非遗艺术主题造就了稳定的艺术表达形式，如“福”“寿”“如意”等吉祥符号以不同材质不断地出现在人民生活的环境中。

最后，甘肃省非遗以其巨大的包容性进行资源的整合，资源整合恰恰是文化产业与文化事业发展的特定性标志，体现为：第一，当代社会与传统艺术进行整合。在众多非遗门类中表演艺术类非遗的传承与保护以及现状，甘肃政府高度重视，不仅积极申报国家级非物质文化遗产，同时还确立了甘肃省非物质文化遗产名录，全面展开非遗的普查工作，并且建立了非物质文化遗产保护部门联席会议制度。通过这些工作的开展，甘肃省表演艺术类非遗的保护工作有了全面完整的发展。如前所述，甘肃省有21项国家级表演艺术类非遗项目，占到甘肃省国家级非物质文化遗产项目的53%。对于已经入选的这21项国家级表演艺术类非遗，通过政府的力量制定了传承与保护的相关方案，还建立了传承人的保护制度等。第二，与时代接轨，在对接文化和当代社会大众的审美品相。在历史的长河中能经受住时间与空间考验的艺术，必有一个特质是能够与时俱进，在与时代并行中发展，不断丰富完善自身。比如甘肃洮砚，在传承古典手法与艺术造型的同时，洮砚艺术手法的表现就是多元素的整合代表，洮砚艺术的塑造突破了单一的文化艺术行为活动，从而它得利了产业群的蓬勃发展。第三，现代科学技术参与融合。现阶段越来越多的艺术工作者把高科技的成分融入了对非遗的现代化改造中，比如夏河香浪节、花儿会等活动大量地运用了多媒体技术、现代化的灯光照明，不仅增强了艺术的渗透与覆盖力，优化、提升了自身的价值，也体现了先进生产力发展的方向，反映了社会生活方式、消费模式、市场需求、产业升级乃至技术创新本身的一般演化规律与变动趋势，同时也符合经济社会发展的具体实际。

6.3 提升甘肃省非遗传承教育方式

6.3.1 甘肃省高校教师提升非遗教学的价值体系及应用

非遗所涉及的门类众多，但许多项目并不适合参与高校互动，而非遗民间美术所蕴含的审美成分和自身艺术内涵，是任何其他艺术类专业种类所无法比较的，国内学者说过：“一个国家如果不重视自己的传统文化艺术，忽视甚至抛弃自己的文化艺术传承，就没有资格谈论现代化。”传承和发扬光大优秀的民间美术，是当前课程改革的重要任务之一，美术教师任重而道远。教育作为非遗民间美术传承的一个重要载体，对传承非遗民间艺术有着至关重要的作用。现实中我们不难看出，在今天的教育中，非遗艺术传承并未真正成为教育的主要目标及内容，学校教育政策与制度不管在执行层面还是机制中未能有效地促进与保护非遗艺术的传承，且教育者对非遗艺术重视度也不够高。目前大多数的教育者还并未清醒地认识到非遗艺术的重要性。首先，教育思想和教育观念是教学活动的第一步，事实证明这一方面是由于教育者自身对于民族传统文化认识的不足，并没有达到非遗教育的预期。另一方面是由于高校受教育者对主流文化和当代文化的认同。这样在学习过程中就难以建立对非遗艺术正确的态度和知识。所以当代教师应提高对非遗艺术教学的意识理念及学术要求，并把这种意识付诸教学实践中去。在走访调查中发现，甘肃很多偏远地区的学校美术专业课程并没有专业的美术老师从事教学活动，都是其他专业有一定的绘画基础知识的老师在顶替着美术老师的教学工作，对艺术课程没有基本的认识更谈不上重视，这肯定会造成学校教育的不完善，学生学习的完整性不够。从这些调查走访中得出的结论是在对待非遗艺术的重视问题上肯定不够甚至没有。如果为了让非遗艺术在当前的社会环境中有更好的发展，作为目前主流教育方式教育从业者必须有所担当，尤其是高校艺术类的学校教育者，更需要勇敢和富有时代使命感地承担起传承与保护非遗艺术的责任。因此，提高对非遗艺术教学的重视度，注重提高教师、各个学科人才的培养及人才基础的建设，提高和加强教师业务素质，学以致用，注重学生多方面的培养。最好能够因地制宜地结合本专业当地非遗艺术与课本知识进行结合学习，保护文化遗产免受当代各种文化的冲击，在学生的心中树立对传统民族文化、民间艺术的正确认识及科普，让他们在学习过程中了解非遗艺术的形成与发展，认识到非遗艺术的精神与价值。只有让祖国的未来能真正认识到非遗艺术的精神与艺术内涵，认识到非遗艺术这个文化的宝库，它在传承中国文化中的重要性及意义，才能使教育者、受教育者发自内心去认真对待中华古老的文化，珍惜、传承并发展它。

6.3.2 完善学校艺术课程教学有利于传承非遗艺术

非遗艺术传统与现代教育的结合，能够有利于非遗传承与创新的关系。在高校引进非遗艺术资源的同时，还需要把现代艺术的“美”感渗透到教育中去，所以高校的教学不但要“引进来”还要与“走出去”相结合方法的实施高校教学，让学生看到、体会到一个美的世界，让艺术课教学能够再上一个新台阶。在教学的课程实施中临摹学习非遗艺术时，可加入自己的艺术领悟和感受意愿进行变化，这样创作的作品既保留了非遗艺术的特点，又有新的面貌变化。在教师的教授指导下，让原生态非遗的作品对学生的认知能力更充分的感受与体会。同时，借助与教科书中的范例和教学辅助图进行学习。积极尝试新的教学学习方式，这样才能开阔学生的眼界和艺术思路，创作出优秀的艺术作品。

教学中要求“讲”与“练”相结合的方法，在教学实践过程中发现，有些教师尽管在课前进行了充分的备课，但到了课堂中只是死板，照本宣科，并不注重也不会与学生进行沟通和互动，非遗教学本应该是生动形象的课程教学，结果变得索然乏味。所以在教学中应该充分发挥学生的主体性和能动性，尽可能地给学生创造手动实践的机会。让课本与动手实践相结合，“讲”与“练”进行结合。现阶段高校美术教学注重学生美术技能的训练与培养，美术教学练习不能只是单纯的理论知识的学习，要让学生学会观察、思考、制作等结合并用的过程，理论与实践相结合的过程。高校的美术课堂只有通过大量、不断的动手练习才能使学生的绘画或制作技能得到提升，艺术课堂中也只有科学、合理地安排教学的方式方法，才能取得理想的教学效果。在实践动手创作艺术品过程中，加深了学生对课本知识的理解，提升艺术的感知力并且明确实践教学目的。

提升课堂教学与实践教学相结合的教学方法。课堂教学中，教师把自己掌握的知识技能通过课堂教学传授给学生。而非遗艺术教学不能只停留在常规性的教学上，虽然它是学生获取非遗艺术知识的主要途径之一，但非遗艺术课程是一门实践性很强的艺术课程，它所涉及的方方面面，知识内容广泛渗透于自然环境和人类的生活与生产活动中。为了使学生能够进一步感受到非遗艺术的魅力，并且将实践中所学会理论知识运用到美术课堂里。实践证明可以在美术教材中编入当地民族民间美术的鉴赏和实践要求，而且根据实际情况和条件，开展艺术实践活动。这样的教学方式所带来的直观效果就是让学生通过对民间美术的观察、尝试、调查、研究等方式，使学生们在实践活动中感受到民间美术知识的实践方法和有用性。在民间美术教学活动中，学生们往往会发现一些问题。让学生们带着问题再投入非遗学习中去，引导学生运用所学的民间艺术知识解决问题，这样的结果会给艺术教学带来事半功倍的效果。学校可以根据既有的资源条件，与校内资源进行整合，使民间艺术课程的实践教学可以共享校内资源专业库。教学课程内容里包含了学生动手设计参与制作民间艺术工艺品体会的制作过程，并积极培养学生对民族民间艺术的感悟及民族文化的认同感。有效利用高校资源在学校宣传展览场所举办非遗民间艺术展览，扩大非遗艺术在学校的影响力。学生作品可以在实践中参与教学的方法受到越来越多人的关注，从高校教育中直接受益。

6.4 甘肃省非遗传承教育体系建设

教育是一个国家和民族屹立世界中最核心的价值体系保护。教育除了教学和普及的功能外，同时也为国家的文化发展及文脉延续起到了保护和传承的作用，甘肃省非遗进入高校教育体系中，不但普及了年轻一代对非遗文化的学习也激起了他们对非遗事业的兴趣，并且让非遗事业通过教育的方式，在年轻一代新一代祖国事业继承者中传承和发扬下去，为保护国家内涵丰富种类多样的非遗事业和民俗文化起到了重要作用，非遗传承教育体系的构建，对维护民族精神、民族文化的多样性及本土化的延续传承具有重大的意义[28]。

6.4.1 在高校教育中普及非遗文化的知识

我国的高校本科基础教育是4年学制，这一时期的学生以青少年为主，在经历过幼儿时期的民间美术教育之后，内心已经形成对民间美术文化的认同感。高校的非遗课程目标要逐步把非遗艺术作为文化教育，而不一定是专业技能的培训教育，重视非遗艺术的人文教育功能，确立以非遗艺术不以技能训练和灌输知识为目标，而应以发现非遗艺术之美、欣赏非遗艺术、体验非遗艺术的技巧，将非遗艺术升华为内心对民族民俗文化的热爱。因此在高校非遗艺术教育中，要积极创新，将传统的非遗艺术美术结合现代元素，让非遗艺术实现当代社会中的蜕变并具有时代的特征，吸引大学生的注意力，提高他们对非遗艺术的兴趣。

6.4.2 逐步在高校教育培养非遗艺术的技能型职业人才

各省市中高职教育的定位是在义务教育的基础上培养大量的技能型人才和高素质劳动者。而现阶段逐步将非遗艺术放入高校教育的课程中，将非遗艺术的文化底蕴结合专业知识、时代特征，培养出一批既精于非遗艺术技艺，又具备现代产业意识，精通市场法则的高技能非遗艺术的生产者乃至管理者。同时要结合学校所在地特有的文化特色，在非遗艺术相关的美术工艺课程中加入具有地方特色的民间美术种类。例如，庆阳地区剪纸艺术、临夏地区的砖雕艺术等极具地方特色的民间美术种类。让学生通过学习民间美术文化并且在学习中掌握熟知民间技艺，从而希望他们能够热爱民间美术，并逐步培养建立起崇高的民族情感。希望高校通过教育培养出的这批熟悉民间美术工艺家和复合文化技能型人才，在今后的工作上会成为保护和传承非遗艺术的启航者和开辟者。

6.4.3 遵循市场规律为高校培养各层次人才

重视我国非遗及其产业紧缺人才的培养，紧紧围绕我国非遗及其产业发展的需求，依托已有的教育体系，培养创新培育模式的方法，大力培养中国非遗及其产业的综合人才、高端人才与职业人才，尽快扭转发展的现实需求与培养人才体系扭曲的格局，推动我国非遗及其产业可持续发展，为了不断完善其创新空间，不能产生脱节和真空的状态，必须高度重视资源的汇聚和人才的培养。培养出高素质、复合型的中国非遗及其产业服务型人才当属现阶段重中之重的任务。从调研中可以看到，我国急需大量既能懂产业市场体系，又能掌握非遗发展规律，对各类文化艺术市场具有敏锐观察力和判断力的复合型人才。因此，坚持把人才作为中国非遗及其产业发展的根本要求，大力开发中国非遗及其产业人才资源，集合社会各方面的力量，努力培养或引进一批了解中国非遗及其产业特点、熟悉国际产业运行规则、具有综合素质和能力的中国非遗及其产业行业领头人及研究专家，推动社会资源与非遗及其资源有效对接方面发挥引领作用。这需要从以下几个方面努力：一是国家要对非遗及其产业的人才培养给予专项的政策和资金支持，确保中国非遗及其产业教育的发展；二是高等院校要革新教育方法和人才培养理念，根据社会需要培养人才，如高等院校可以与中国非遗及其产业机构进行对接，使学生能够真正实现理论与实践的结合，也可以根据实际情况开设中国非遗及其产业类相关学科专业的试点等；三是非遗及其产业机构要加大对员工的培训和投入，支持和鼓励创新，加强与国外的交流学习，比如人才的输出学习和优秀人才的引进、积极学习国外先进的人才管理经验等。

6.4.4 基于在高校背景下的新技术科技融合

现阶段时代发展中提升智能化水平与技术能力，重视将新技术融合进中国非遗及其产业的推动作用，大力发展非遗大数据、云服务、人工智能与终端建设对新业态下的非遗事业的推动作用，推进中国非遗及其产业的智能化能力与水平的不断提升。

新技术的融合发展在中国非遗及其产业发展过程中非常重要。产业的发展不仅仅是技术进步，更重要的是其业态与产业体系发展的机制。特别是大数据、人工智能与区块链技术的融合发展，前景广阔。主要体现在以下两个重要方面：一是会进一步开拓非遗产业发展的新格局，特别是随着数字资产的不断发展，区块链技术会给传统的非遗带来颠覆性的冲击。区块链技术是一种分布式数据库系统，其特点很多，其中去中心化、不可逆等特点尤其重要。不可逆的特点是其系统信息具有不易篡改、很难伪造、可追溯的基本特征。一旦发生交易记录，数据进入区块链技术系统，即使是内部技术操作人员也很难在其中做任何更改而不会被发现。这个特点决定了其与互联网应用密不可分，一旦其应用场景不断拓展、不断丰富，区块链技术及其产业的发展就会越快。二是大数据、人工智能的融合发展，在我国非遗及其产业发展过程中会带来新的业态与新的产业发展机遇，特别是智能技术的发展，会进入一个重要的时期。基于大数据、人工智能与区块链技术的融合发展，会进一步推动数据挖掘并服务我国非遗及其产业发展过程中的应用。

6.4.5 现代化教学手段在非遗课堂的应用提升其影响力

在新时代背景下的教育形式下，教育的方式和形式也要作出调整和改变，运用现代化教学手段和情景教学法不但会让教学被更多的人所重视，而且也能使学生产生共鸣，从而促进学生对非遗民间艺术感兴趣，更快速地理解掌握和消化。

随着科学技术的发展，现代化的教育手段也充实丰富了艺术教学，借助和应用这些技术，教师的教授课程会更加灵活且丰富多彩，教学形式也能更加便利高效。学生们获取知识的途径不再单一化，已不仅限于在课堂学习中同时增加通过互联网网络课程，使学生自主学习的空间将大幅增宽并扩展。学生和教师之间的交流并不会因为空间和时间所局限，通过网络平台的教学软件技术随时实现异地面对面交流的方式。面对网络课程的实施教学活动，也使有限的教师资源，实现多人同步学习的目标。新技术的应用和普及使教学形式早已经不仅限于有限的课堂中。而传统的以教师为中心的集中教学模式，已经不是单一的教学方式了，慢慢已转变为集中与分散并行的开放式学习。

对于非遗民间艺术的保护单纯依靠文本记录的如以摄影、影像记录的方式进行保存，这样做从传承的角度而言，也能够为该项目的研究者和后来人得到完整直观的影像资料，使非遗民间艺术的保护、发展工作有据可查。现代化教学手段的应用，体现在非遗民间艺术教学主要是以视觉影像教学为主。例如，用电脑、投影仪播放非遗民间艺术作品及图片、播放民间美术工艺品制作过程的视频，视频播放及影像记录的效果和艺术感染力，其生动性、细致性和准确性都是教师无法凭语言的表达能完成的。所以新的教学模式下利用多媒体进行教授，制作 PPT 课件，学生积极参与教学过程，极大地提高了教学质量，调动了学生的主观能动性，使得课堂教学的效率大幅提升。

6.4.6 有利于非遗传承发展为传统艺人提供教学平台展示技艺

为了弘扬优秀传统民间文化，深入开展非物质文化遗产传承教育聘请民间艺人担任学校教师，是为传承地域特色文化而采取的一项重要措施。非遗民间艺术传承载体“人”，以活态的形式维护和保护好也相当重要。只要作为非遗民间艺术传承的载体“人”还存在，就不怕失去其艺术形式。所以传统民间艺人校园亲授技艺是把抽象的理论知识化为具有代表性的具象“点”的深化研究过程，聘请的非遗民间艺人来高校讲学、授艺，针对非遗民间艺术的某个专题或个案做深入地解析。这样可以极大地弥补传统教学中笼统教学的不足，学生们也可以直接从民间艺术家身上学习受益，掌握精湛的技能和理解其非遗产物背后优秀的人文精神[7]。

6.4.7 注重学校传承建设符合时代需求的专业队伍和人才培养

在接触众多的非遗项目类型中，表演艺术类“非遗”的保护专业性要求较高，仅仅靠政府的扶持和行政权力是难以保护好此类非遗项目。所以，在表演艺术类非遗的保护中，国际社会的普遍做法是组建专家队伍，用以解决该类非遗保护中出现的问题。借鉴方法在各省要先组建一支强有力的专家队伍，专家所具备专业理论精通和丰富的实践经验，让专家为该类非遗的保护出谋划策，确保该类非遗保护的完整性、继承性、科学性与严肃性。因此，在少数民族民间表演艺术类非遗的保护概念里，首先把“人”的培养放在第一要素。积极通过多元形式来开展传承人的培养，让少数民族传统表演艺术生生不息、薪火相传、后继有人。在保护形式中高校和学校传承是很重要的方式方法，可以把少数民族表演艺术类非遗项目纳入所在地的学校中，然后通过以学校的教学活动来尝试培养出合格的传承人才。教育和文化天生相吸，之所以让人的培养放在高校和学校的教育中，其重要的原因是教育与文化的互相联系、互相推动，历史告诉我们不能抛开教育谈文化传承，在国家大力倡导非物质文化遗产保护的背景下，将高校教育引入非物质文化遗产保护与传承领域是大势所趋，如何探索两者间的关联性及实现互联互动的方式方法，可以作为当前非遗保护与传承工作的重点。民间传承与高校传承的结合在实践中是有成功的案例的[30]。所以注重学校传承，培养人才是现阶段非遗建设的重要工作。

6.4.8 注重地域性和文化生态性

“文化生态学”这一概念是由美国文化人类学家 T. H. 斯图尔德在 1955 年首次提出的，他提出有必要建立专门学科，以探究具有地域性差异的特殊文化特征及文化模式的来源。例如，甘肃“花儿”在演绎中的高亢雄浑与甘肃特有的大西北广阔的地域风景、淳朴憨厚的民风及地域特征相得益彰，客观反映了西北少数民族飒爽豪放的民族特色。同样，苏州昆曲的清雅与苏州园林的精致相得益彰，这些特征都体现了地域文化性的特点。非遗民间艺术在学校传承是一项复杂的系统工程，有自身的局限性。从形式上来说，学校传承无论采取请艺人进课堂、课外采风学习，还是班级授课等形式，都不能忽视一些基本的地域性及民间文化性的表现。少数民族表演艺术类非遗主要来自田地民间，生长在当地民间且有民间生活基础背景的人来传承肯定比其他人传承的效果要好。民间艺术有其特有的生长和生存空间，对其传承方式的确定不能盲目，要尊重和遵守民间艺术的发展规律。如果把一种民间艺术简单地拿到地域、文化差别甚远的学校进行传承，其不确定性和难度不言而喻，传承的效果肯定大打折扣。因此，在非遗艺术的传承中，我们必须要重视文化生态性和地域性，要让非遗不要离开适合其生存土壤的空间里传承、发展，要做到厘清地域性的文化生态特性。所以在传承时必须要考虑地域性和文化性的共同属性特征。

6.4.9 制定科学合理的、能有效实施的培养方案及教学大纲

如何做好非遗民间艺术的传承，这需要切实可行的培养方案，这也是非常关键的举措。其原因在于非遗民间艺术的传承大都处于放任自流的状态，并没有建

立起相关领域学科和具有实效性的培养方案，但随着时代的发展，担当传承重任的传承人越来越稀有，许多非遗项目及专业都面临消失的危险，因此，在应对这些面临消亡的非遗民间艺术必须要抓紧抢救，尽快培养出符合专业要求的一批有传承能力的人才，因此就要制定出切实可行且科学合理的培养方案。加强非物质文化遗产的师资队伍建设及相关专业与课程建构。非遗教育发展中教师起关键环节，这也要求非物质文化遗产教授课程的教师要具备充分的知识储量及高标准的专业素养，能够主动将非物质文化遗产资源融入所教授的课程中去，应用丰富的教学方法及手段来展现非物质文化遗产的特征、审美价值、历史成就及地位等，教师要求参与设计出合理的课程评价体系，在学生教学中进行互动反馈增补相关学科内容。同时高校可定期增加对相关课程教师的培训，逐步培养出符合专业标准的一支专业教师队伍。另外，也可以充分利用当地非物质文化遗产的传承人资源，将各专业知名传承人聘请为客座教师，对在岗教师进行专业辅导及培训，还可以通过开设非遗专业选修课、讲座等，让学生更加直观地接触与学习非物质文化遗产的相关知识[31]。

另外，作为培训过非遗专业的教师，在教学中切身体会到，每一门非遗课程及学科教师没有所教授专业的完整教学大纲及培养方案，完全凭教师的教学经验和对专业的领悟感受来进行教学，其难度可想而知。这样教学的后果普遍是教学的完整性不足，差异性极强。无法达到所教授的课程的预期效果，从学员的角度出发，他们的学习也会出现学科间的串联线不强，同时应对教师的教授内容，感受力水平参差不齐，使学习效率大打折扣。所以制定合理科学的专业培养方案及大纲有助于非遗事业的稳步提升。

6.4.10 重视非遗传承文化遗产的内在价值

对非物质文化遗产的传承不能只停留在外表上，通过各种形式的交流、学习、互动，其更重要意义在于传递其内在精神价值属性。纵观历史，各民族的非物质文化遗产代表了本民族的精神内核，也承载着本族传统文化的精神价值。所以不管是手工类非遗还是表演艺术类非遗，我们的传承与学习不能仅仅放在对其外在形式的描摹学习，一定要在学习中领会精神价值。中国戏剧研究专家傅谨先生一直致力于非物质文化遗产的理论研究和实践探索，他认为，无论从创作、演出、话剧还是戏曲的角度，如何继承传统，发掘传统内在价值，保证传统的存续，越来越成为中国戏剧健康发展的关键。专家的总结及概况看似是一句简单的话，但实际中要求我们在对各种专业、学科、艺术类非遗进行传承与保护时，不能只是一时兴趣所在，只单单停留在对外在形式的模仿和学习，而更应该抓住核心与关键，将传承与保护、体现其精神实质艺术内在属性作为重点。今天的教育已非彼往昔，在多元思想文化的冲击下，部分大学生会盲目崇尚外来文化，对传统文化关注度不高知之甚少，态度淡漠，更不要说对传承优秀传统文化的使命感。费孝通先生提出：文化自觉是一个艰巨的过程，首先要认识自己的文化，理解所接触到的多种文化，才有条件在这个多元文化的世界里确立自己的位置，经过自主的适应，和其他文化一起取长补短，共同建立一个有共同认可的基本秩序和一套各种文化能和平共处、各取所长，联手发展的共处原则。非物质文化遗产是国家民族的历史记忆，也是国家民族精神的重要承载体，更是中华传统文化的深层次的内核，同时也是成为民族凝聚力的重要原因之一。充分利用当地非物质文化遗产教育，有助于使大学生更加理性地认识中国传统文化及精神和价值，培养国家未来的民族精神，提高学生对优秀传统文化的自豪感和认同感，唤醒民族国家的文化自觉，让年轻一代主动承担起文化传承与传播的使命，实现从"文化自知"到"文化自醒"到"文化自信"到"文化自觉"的积极转变。

可见，表演艺术类非遗的学校传承是一项系统工程，它会涉及多方面的问题，如学校的管理理念、学生素质、管理人员及学校的办学态度等多方面的问题，协调好这些问题有利于传承活动的顺利进行。甘肃省少数民族的表演艺术类非遗在学校传承方面是比较缺失的，由于少数民族地区相对经济文化发展比较落后，这些地区的学校在政府的支持下都是以各类文化课程优先。大部分高校的本科专业设置中并没有非物质文化遗产相关专业，即便是在研究生教育范围也相当有限，具备学科点设置条件的高校非常有限，且始终处于边缘地位，非物质文化遗产相关学科的建设和发展受到极大限制。在高校课堂上，非物质文化遗产教育类的课程也为数不多，大多为选修课，且没有完整的教学目标和教学计划。通过作者的调研，在少数民族地区的学校中，本民族的表演艺术类非遗纳入学校传承的少之又少，这些表演艺术类"非遗"一般都处于师徒传承和家庭传承的模式，缺乏组织性，没有形成一种有管理、持续、良性的传承模式。这需要政府在学校投入较大精力、财力和人力等来发展学校传承的路径[8]。

7 甘肃省非遗文化资源的多维发展

7.1 丝绸之路甘肃省非遗文化传播平台的构建

新时代背景下，紧抓机遇积极建设甘肃省非物质文化遗产文化资源传播平台，平台的建设是为了能够让甘肃省非物质文化遗产进行传播、宣传、展示、交流的有效途径。平台的建立可以从几个维度上支撑甘肃省非物质遗产，不仅实现构建社会，利用甘肃省非物质文化遗产博物馆内部的数字化陈列展示，还可以应用互联网技术推广展示甘肃省非物质文化遗产的风采，展示中国文化。文化传播平台还可以面向大众、国家科研机构、高校教学机构、科研工作者等给予提供开放式访问浏览。由此可以看出，文化传播平台的构建可以打破实体博物馆的局限性，将使博物馆的众多功能进行多维度的延伸，能最大限度地满足社会大众层次多方位需求的服务平台的发展及普及，必须使广大人民更便捷地了解中华优秀民族文化的遗产。

7.1.1 基于将云技术应用到文化传播平台建设

甘肃省非物质文化遗产传播平台将面向几个方向，例如公众、广大科研机构、教学机构、科研工作者等；平台提供开放式访问的甘肃省非遗文献和非物质文化教学科研资源的共享服务，这样的平台操作与利用对推动非物质文化数字化建设具有重要积极的意义。平台分为基础设施层、数据资源、公共服务平台和门户服务应用层4层结构，配套建设标准规范体系与安全保障体系。基础设施层包括了网络、防火墙、服务器、存储和模块化机房等，利用高性能、大容量的计算存储系统设备组成虚拟化的云平台，根据需求建立虚拟服务器，组建虚拟网络。数据库层是搭建虚拟服务器，通过挂载独立存储空间，用于存储基础数据库、用户数据库和管理数据库，以及存储图片、视频、音频等非结构化数据。传播平台的应用层是公共服务平台，主要包括非物质文化资源平台、科研互动平台和数字博物馆。非物质文化资源平台主要用于将各类资源分门别类进行储存，实现基础服务、资源管理、资源展示、交互服务等功能；科研互动平台是建立可多人互动建立的互动平台，有效利用资源中心存储的大量分布式的科研资源与科研工具，并将其进行重新组织后提供给科研学习者；数字博物馆是将已经分门别类的资源按照主题，撰写文案进行分类文档展示、图案展示和影响展示。

7.1.2 基于 MOOC 的文化传播资源建设

甘肃省非物质文化遗产数字资源建设包含两个层面：第一层是甘肃省非遗民间文献的数字资源建设；第二层是甘肃省非物质文化传播数字资源。两种资源的建设需要通过一个长期的收集和准备，并通过数字信息建立完善的教学科研数字资源，这样可以集合相应资源的文化传播内容。在传播内容中，对甘肃省非遗民间文献进行收集是文化传播资源重点，同时也对收藏于非物质文化遗产研究院、图书馆、教学研究机构或其他研究机构的相关文献进行数字化处理。利用现代技术手段进行资料完善修复、整理和重要的数字化转换。通过资源平台完成包括地方史志、族谱、赡约、历代文人文集、传记、手稿、墨迹、歌谣、传说、诗歌、牌匾、碑刻、宗教音乐等各种甘肃省非遗民间资料的收集与整理，关键点加入对非遗民间艺术传承人的口述史记录，实现非物质文化研究资源的共享，展示甘肃省优秀传统文化，对甘肃省民间文献进行深入研究，在整理非遗资源的内容中并不能只是因为传播需求而研究[8]。有效利用对现有甘肃省非物质文化遗产数字资源进行数字化编辑，建立甘肃省非物质文化遗产知识科普 MOOC 资源[32]。

7.1.3 建设甘肃省非遗新媒体的文化传播渠道

现阶段互联网技术基本涉及生活的各个方面，短视频、网络动态视频已经基本占据网络的热点资源，围绕短视频的故事内容，策划与非物质文化、甘肃省非遗工艺技艺等相关话题文案，通过主流平台、微博、微信、抖音、微信小视频等，进行内容科普宣传。在做媒体播放的工作中需要对文案的策划性进行整理编辑，这才能抓住真正吸引受众并让受众主动感兴趣传播的内容。抓住新媒体的传播力增加文创，通过文创设计，推出以市场为导向的、精准定位的非遗短片的内容质量及文化内核，从而形成一种高层次新形式的文化传播共识共赢同化的过程。此外，应用新媒体平台及技术资源，围绕以结合当下社会市场的故事内容制作非遗短视频，突破传统的经销和营销方式，制订符合当下市场的发展规律及运营规则、线上与线下相结合的内容宣传和推广计划。以非遗热点、非遗品牌等方式去提高产品项目的出镜率及关注度。策划与非遗文化、非遗技术相关专业和热度话题文案，打造正能量的文化传播内容，提升文化内涵，拓宽传媒渠道。

7.2 生产性保护产业化

7.2.1 非遗生产性保护理念

在国家众多非物质文化遗产中，传统技艺类、传统医药中的药物炮制技艺和部分传统美术类非遗项目具有生产性质特点。如何对这些具有生产性质特点的非物质文化遗产项目采取比较合适的保护方式，两个方面都存在难点：一是理论方面；二是实践方面。于是，“生产性方式保护”这一理念在我国非物质文化遗产保护的进程中应运而生。非物质文化遗产“生产性方式保护”一词首次出现于2006年出版的王文章主编的《非物质文化遗产概论》一书。书中提出：“非遗转化为经济效益和经济资源，以生产性方式保护。”书中也进行了举例说明，如“剪纸、砖雕、年画以及其他非遗手工艺制作项目，都可以作为艺人生产、生活方式延续传承，甚至可以通过资源重组，以产业运作扩大生产规模，扩展销售市场，从而使这些项目得到弘扬和传播[33]”。书中还说“非遗可以作为艺人生产、生活方式延续传承”。这是对非遗生产性方式保护首次作出的阐释，具有开创性的意义。2009年2月12日，非物质文化遗产生产性方式保护论坛在北京召开，会议是由文化部主办，中国艺术研究院、中国非物质文化遗产保护中心承办的。这次会议就生产性方式保护的理论阐释与实践探索，以及非物质文化遗产生产性方式保护的必要性和可能性进行了认真的有价值的探讨。从世界范围来看，2008年爆发了国际金融危机、次贷危机和信任危机。在当时全球经济背景的框架下，召开非物质文化遗产生产性方式保护论坛，符合了现实针对性概念[8]。从非物质文化遗产保护的现实情况来看，我们对中国非遗传统技艺保护理念存在着过于保守，没有与时俱进的状况，但是在中国传统技艺发展方面，又面临着过度及无序开发的问题。我们如何认真对待非遗是一个非常现实的问题。面对当下这种错综复杂的社会背景，怎样研究和保护好我们的传统技艺，时任文化部副部长提出：“现在世界各国传统技艺保护的方式给我们提供了可借鉴的经验，国家传统技艺保护应放在全球化、工业化、城市化、市场经济的背景下进行研究，围绕如何把文化优势变为产业优势、市场优势进行研究，使非物质文化遗产为拉动内需、扩大就业、推动相关产业发展做贡献。”还明确要求：“论坛要在传统技艺保护上起到主导作用和立法建设的基础性作用，明确传统技艺保护措施，推动相关产业发展。”与会专家吕品田先生和徐艺乙先生也认为，生产性方式保护切合手工技艺的存在形态和传承特点，有利于传统技艺参与创造社会财富的生产实践。这次会议最为重要的是正式确立了非物质文化遗产生产性方式保护的理念。

2009年9月11日至13日，非物质文化遗产生产性保护座谈会暨第三届非物质文化遗产保护论坛在苏州召开。这次会议的主题是从理论和实践两个方面总结交流近年来非物质文化遗产生产性保护的经验，研究探讨非物质文化遗产生产性保护时国家的税收政策，还分析了国家级文化生态保护区建立情况和非物质文化遗产博物馆、展览馆，以及非物质文化遗产传习所设立的情况。这次会议上强调非物质文化遗产保护要适应时代的要求，并进一步明确了非物质文化遗产生产性保护的必要性和可行性。

因次，经过学术界几年激烈的讨论，2012年2月2日，文化部制定印发了《关于加强非物质文化遗产生产性保护的指导意见》。该意见为非物质文化遗产生产性保护理念的确立奠定了重要的理论依据。非物质文化遗产生产性保护是指以保持非物质文化遗产的真实性、整体性和传承性为核心，在具有生产性质的实践过程中，借助生产、流通、销售等手段，将非物质文化遗产及其资源转化为文化产品的保护方式。这一保护方式主要是在传统技艺、传统美术和传统医药药物炮制类非物质文化遗产领域进行实践和探索。意见明确提出："有利于增强非物质文化遗产自身活力，推动非物质文化遗产保护更紧密地融入人们的生产生活；有利于提高非物质文化遗产传承人的传承积极性，培养更多后继人才，为非物质文化遗产保护奠定持久、深厚的基础；有利于继承弘扬优秀传统文化。推动优秀传统文化繁荣发展，满足人民群众的精神文化需求；有利于促进文化消费、扩大就业。促进非物质文化遗产保护与改善民生相结合，推动区域经济、社会全面协调可持续发展。"该意见也明确提出生产性保护的核心理念，以及它所具有的价值、意义和原则等。之后，生产性方式保护理念开始引起人们更多的关注。一些非物质文化遗产生产性保护的企业、单位也闻风而动，有些地方适时地建起了比较规范的非物质文化遗产传习基地，条件好一点的企业和单位还陆续建起了非物质文化遗产展示馆或非物质文化遗产博物馆，正式面向社会，对公众开放。邱春林先生把"生产性方式保护"理念形象地比拟为"造血功能"。他说："生产性方式保护非物质文化遗产不断取得突破，一些年龄偏大的代表性传承人重新走上工作岗位；大批濒危的传统技艺重新获得了生产实践的机会；在市场上大量流通的非物质文化遗产的产品可谓异彩纷呈，深受广大民众的喜爱；优秀的非物质文化遗产恢复了'自我造血'功能，其生命活力得到延续。""我国政府和各级非物质文化遗产保护单位在抢救与保护非物质文化遗产的实践中，生产性保护是备受关注和乐于接受的方式。"

《中华人民共和国非物质文化遗产法》为非物质文化遗产生产性保护提供了法律的"护身符"。非物质文化遗产法第三十七条明确提出了："国家鼓励和支持发挥非物质文化遗产资源的特殊优势，在有效保护的基础上，合理利用非物质文化遗产代表性项目开发具有地方、民族特色和市场潜力的文化产品和文化服务。这在法理上为非物质文化遗产生产性保护理念探索和实际保护措施的实施提供了依据[8]。"

7.2.2 非物质文化遗产生产性保护的实践及成果展示

在非物质文化遗产生产性方式保护理论的引领下，非物质文化遗产生产性保护的实践也在全国范围内轰轰烈烈地展开。为了进一步推动非物质文化遗产生产性保护工作的深入开展，在2012年2月5日至2月15日元宵节期间，在全国农业展览馆新馆举办了中国非物质文化遗产生产性保护成果大展。这次大展选择了180多项在非物质文化遗产生产性保护中取得显著成效的项目，它们包含了普洱茶制作技艺（贡茶制作技艺）、山西老陈醋酿制技艺、漆器养饰技艺、钧瓷烧制技艺、汴绣万安罗盘制作技艺、徽墨制作技艺等，展出的珍贵实物近2000件。160余名国家级非物质文化遗产项目代表性传承人在展会现场做出了令人叹为观止的技艺展示。

文化部部长在中国非物质文化遗产生产性保护成果大展上提出："这次展览对于贯彻落实保护为主，抢救第一，合理利用，传承发展的非物质文化遗产保护工作方针，发挥非物质文化遗产资源的独特优势，促进非物质文化遗产生产性保护深入开展，推动经济发展方式转型，也将做出积极的贡献。"这次展览观众达16万之多，是迄今为止国家级别关于非物质文化遗产组织过的最为成功的展览展示活动之一。此后全国各地陆续举办了各种规格和各种类型的生产性方式保护的成果展示活动。2012年6月15日至23日，四川成都举办了第四届国际非遗节。其间举行的非遗节博览会将凸显"生产性方式保护"这一主题。选出60余家为非物质文化遗产生产性保护作出突出贡献的保护单位参展。非物质文化遗产生产性保护作为我国独特的保护方式首次展示在世界面前。这是一次规模宏大，社会影响极为广泛的非物质文化遗产生产性保护成果展。

2013年6月8日正值第8个"文化遗产日"。全国各地纷纷举办非物质文化遗产生产性保护成果展。北京市在"文化遗产日"期间开展系列非遗传习活动，启动"名家传艺工程"、举办非遗进社区活动、命名传统节日等。2013年6月8日至9日，河南省开展了"薪火相传—河南省非物质文化遗产生产性保护成果展"展示活动。活动展示了木板年画、汴绣、剪纸、泥塑、瓷器等非物质文化遗产项目。山东省以"喜迎十艺节，非遗共参与"为主题，选取山东古筝乐、邹城平派鼓吹乐、山东琴书、山东大鼓、渔鼓戏等优秀非遗项目组成一台晚会，展现山东的非物质文化遗产保护成果。广西南宁举办了"体验非遗"活动，选拔100名"非遗之旅"体验团成员。然后再从这100名成员中选拔出10名作为2013年度南宁非遗形象代言人。西藏在2013年6月8日举办了非遗成果图片展，重点展示西藏非物质文化遗产资源和近年来的保护工作成果。海南省举行了第四届黎族织锦（纺纱）大赛。到2015年全国各地仍有不少地方举办了非物质文化遗产生产性保护成果展。吉林省镇赉县于2015年3月25日举办了非物质文化遗产生产性保护成果展，展示了2项省级和18项市级，包括土窑制品、剪纸、木雕、刺绣等项目的300多件展品。江苏省淮安市于2015年6月15日举办了非遗生产性保护成果展示活动，集中展示了淮安蛋雕、传统瓷刻、撕纸画、骨康外敷药酒炮制技艺等28个非物质文化遗产项目。

由此我们可以看到，从2012年举办中国非物质文化遗产生产性保护成果大展以后，全国各地持续好几年举办了各个层级的、丰富多彩的非物质文化遗产生产性保护成果展，密集而又丰富的展示活动同时也为非物质文化遗产生产性保护工作起到了有力的弘扬和推动作用。

7.3 甘肃省非遗产业与科技发展、产业创新融合发展

党的二十大以来，国家战略中产业创新已经成为国家发展全局的核心位置，高度重视科技创新，围绕实施创新驱动发展战略、加快推进以科技创新为核心的全面创新，提出一系列新思想、新论断、新要求。党的二十大明确提出了实施创新驱动发展战略，这是根据国内外发展态势、立足国家发展全局、面向未来发展做出的重大战略决策，从要素驱动到创新驱动，不仅遵循了科技发展的规律性特征，而且找到了新时期科技发展要走内生式发展的道路。面对百年未有之大变局，面对国内外环境的新变化，需要深入实施创新驱动发展战略，进一步提升创新能力和效率，通过体制机制创新、内生式发展的方式，全面推动经济社会的高质量发展，为我国建设世界科技强国奠定基础。当今世界科技发展突飞猛进，国际科技竞争日趋激烈，各国都把创新作为科技发展的重要战略。科技创新引领产业变革，使得全球经济进入深度调整，日益凸显了科技创新的重要性，科技创新成为引领经济社会发展的动力。我国科技发展的理念不断深化，实施创新驱动发展战略符合我国科技发展的规律性特征，也是我国科技发展的实践经验总结。创新驱动为我国科技发展奠定基础。创新驱动发展战略的核心是依靠科技创新，创新的目的是驱动发展。实施创新驱动发展战略，其影响涉及多个方面，是全方位的创新，是一项系统工程。

首先，实施创新驱动发展战略，带来了非遗发展新理念的变化。从要素驱动向创新驱动转变，从跟随式发展到引领式发展，是一种新的发展理念。实施非遗创新驱动发展战略以来，创新逐渐成为社会的一种价值导向，大众创业、万众创新广泛开展，全社会创业创新的热情得到了激发。通过创新思维、创新意识、创新方法等，驱动经济社会全面发展、高质量发展。然后，实施创新驱动发展战略，甘肃非遗发展方式向创新模式转变。创新驱动发展本质上是依靠科技创新，充分发挥科技的支撑和引领作用，以产业创新调整结构方式，以科技创新引领培育未来重大产业的发展。在发展方式上主要依靠技术创新，用高新技术改造提升传统产业，加快产业技术创新，促进产业升级，提升产业竞争力。新时期我国的很多产业更要以创新型的发展模式，着力提升自主创新能力，才能在激烈的国际竞争中占据优势地位。最后，实施创新驱动发展战略，调整非遗机制创新。以管理创新促进效益增长，不断提高创新管理与服务效率，完善创新管理和创新氛围的构建。实施非遗创新驱动发展战略以来，国家创新体系不断完善，进一步优化

国家科技力量布局，在非遗计划管理、成果转化、评价体系等方面进行改革，增强了非遗企业的创新主体地位和主导作用，非遗创新人才队伍加速成长，创新活力进一步激发，推动非遗产业和非遗业态的形成和发展。信息化、网络化、新科技技术的发展、现代生活观念的慢慢转变滋生了人们与以往不同的消费观念及需求，而今天的非遗产业如果要适应全新升级的消费需求就必须在产业创新中下功夫。当前变革中试图将非遗产业通过将现代时尚设计与非遗元素进行融合，将非遗文化与现代文化及生活文化理念进行融合，探索时代创新性非遗产业化模式，并且将非遗与创意产业结合进行产品转化这几个方面来实现非遗创造性转化与创新性发展。

7.3.1 非遗与现代元素时尚设计融合创新发展

“设计”是任何事物创新突破的第一要素，是实现非遗创造性转化与创新性发展的关键一环，优秀的设计不仅能很好地保留并且凸显非遗传统文化的精髓，更能对其进行二次改造及创作使其焕发出新的生命力与活力时，还能让设计元素及理念寻找到一个完美承载的物质载体，能够让非遗产品既能保留传统文化底蕴，又符合当代人们的生活品位与需求。因此，很多非遗企业都十分注重将非遗与现代时尚设计进行融合创新发展。例如：在艺术领域中，很多具备长远眼光非遗企业将非遗文化改编加工编排现代影视戏剧。在商业领域，非遗企业将传统习俗与现代时尚进行对接，如将我国传统刺绣艺术元素与工艺技艺运用到现代服装行业中，通过现代设计引起人们的关注和参与，发展出新一轮的时尚潮流等。所以通过实际的案例让现代时尚设计可以实现非遗文化内涵与表现形态上的创造与创新[34]。

7.3.2 非遗文化与现代文化及生活理念融合发展

要实现非遗创造性转化与创新性发展，其本质是要让非遗成为现代生活中的一个必要组成部分。要让非遗得到现代消费者认可就需要将非遗与现代文化及生活理念进行融合，即文化内涵上的创新。如何在适应现代文化潮流与保持传统特征上相融合就成为非遗产业首先要处理的矛盾。随着生活节奏的加快，现代人尤其是年轻人更偏爱形式简洁、方便快捷的产品，节约时间，崇尚简约成为人们的流行潮流之一。例如：在汉服的设计与制作上，非遗企业去除了古代服装厚重繁缛的工艺装饰；在材料选用上，选择质量更为轻薄服帖的丝制品；在造型款式上，简单大方又不失古朴典雅，既让人体验到汉服所带来的传统文化韵味，又不让消费者倍感突兀，成为非遗与现代生活理念融合的成功案例之一。

7.3.3 探索新的非遗产业化模式

除了与现代设计进行融合，在非遗产品中植入现代文化与生活理念，探索新的非遗产业化模式同样也是实现非遗创造性转化与创新性发展的一条重要途径。2018 年 6 月 27 日、7 月 11 日，文化和旅游部、国务院扶贫办连续印发《关于大力振兴贫困地区传统工艺助力精准扶贫的通知》和《关于支持设立非遗扶贫就业工坊的通知》。至此，国内广泛开启“非遗+扶贫”的各种模式探索。其中“非遗+时尚+电商+扶贫”是当前最为突出的一种产业化新模式。

非遗项目有很多存在于贫困落后的山区，激活这些产品的市场活力是文旅扶贫的重要方式之一。当前有很多地区开始注重扶持本地非遗产业发展，很多地方政府出台政策与经济发达地区的文化企业展开合作，由经济发达地区企业提供规划与设计思路，将贫困地区非遗文化资源进行现代时尚化改造与设计，非遗资源所属地办厂，吸引当地外出劳动力回乡从事非遗产品生产，按照文化企业提供的规划与设计思路制作非遗产品，然后将非遗产品通过网络商店进行宣传与销售，利用网络信息技术与物流系统完成产品售卖与运输甚至售后服务。这既使得非遗文化资源得到有效“活化”，又使得位于贫困区的非遗资源能带动当地经济发展，可谓一举多得。

7.3.4 非遗与创意产业结合进行产品转化

将非遗与创意产业结合进行产品转化是未来非遗产业发展的必然趋势之一，创意产业可以说是非遗产业化开发与创新型发展的主体。创意产业拥有开发非遗创新设计、非遗生产经营、非遗产品销售等的专业人才队伍，以及细致完善的产业化分工，能够准确把握现代市场需求，利用先进技术及设备对非遗资源进行开发，对非遗产品进行转化。不仅能提高非遗产品转化效率，而且还能缩减非遗产品转化成本，更重要的是能够准确把握非遗产品转化方向，防止转化偏差而造成的社会资源浪费及对非遗文化资源的破坏。

7.4 甘肃省非遗产业发展的前沿实践探索

7.4.1 中国非遗产业发展的前沿实践探索综述

文化价值作为非遗的核心价值，主要包括非遗资源的艺术审美价值、历史传承价值等。除了文化价值外，非遗及其产业化发展也会带动文化价值转化形成经济价值。通过经济效益的提升，可以促进非遗传承人、非遗生产企业改善非遗项目的生存条件，增强非遗资源的文化研究，促进非遗产业更加健康地发展。应该说，大量非物质文化遗产最初的诞生，就是为了满足当时社会大众对于民间文化艺术的消费需求。诸如传统年画、花灯、风筝、糖人等非遗项目，在历史的演进过程中，也始终没有脱离老百姓的居家生活场景应用。因此，今天我们谈非遗及其产业化发展并非全新的战略规划，而是针对非遗历史进程总结提炼后，结合当下后工业社会生产特点所进行的生产性保护创新。然而，非遗产业化也始终伴随着争议和影响，国内很多非遗资源的产业化，客观导致了非遗艺术价值的降低。类似质疑和争议的声音不断，恰恰是非遗产业化进程由小到大，不断加速发展过程中难以回避的历史阶段。应该说，非遗的产业化发展不能简单等同于“泛产业化”发展。其根本目的是以产业化生产经营模式的改革，促进非遗代表性项目得到有效、健康的保护和传承，提升非遗活态传承的质与量，提高全社会参与非遗保护的关注度。而如果简单地将非遗的文化属性与经济价值对立起来，也会过度消耗政府财政和社会公共资源，打消非遗从业者的生产积极性，使非遗项目失去传承与保护的土壤。因此，只有本着实事求是的态度，主动承认问题、积极发现问题、认真分析问题、审慎解决问题，才能从问题中找到非遗产业化前进的方向，催生非遗产业化创新的动力。国家“十三五”规划首次提出，2020 年文化产业要成为国民经济支柱产业。2019 年 1 月 23 日，国家发展改革委、中央宣传部、教育部、工业和信息化部、民政部、财政部、人力资源社会保障部、自然资源部、住房城乡建设部、农业农村部、商务部、文化和旅游部、国家卫生健康委、国家新闻出版广电总局、体育总局、国家文物局、国家中医药局、中国残联等联合印发了《加大力度推动社会领域公共服务补短板强弱项提质量 促进形成强大国内市场的行动方案》，再次提出到 2020 年，现代公共文化服务体系基本建成，文化产业成为国民经济支柱性产业；旅游经济稳步增长，对国民经济综合贡献度达到 12%的目标。非遗产业作为文化产业发展中不可或缺的重要组成部分，其项目资源类别丰富，参与传承人数众多，涉及的产业链基本覆盖了文化产业的诸多类别。综上所述，非遗产业化的实践探索，也应结合国家对于文化产业发展的战略规划要求，重点关注如文化创意产业、文化旅游产业、文化金融产业等前沿发展方向的动态成果与经验。

7.4.2 中国非遗文创衍生品开发

当前社会随着经济的高速发展，人们生活在快节奏状态里，人们在对待文化的态度和方式上进行碎片化、快餐式的消费，但人们内心也渴望慢生活。而在这“快”与“慢”两者之间，就是非遗与文创产业融合发展的广阔地带。文创产品（即文创衍生品）所具有的文化价值和经济价值，可以赋予非遗产品更高的产品辨识度；同时，非遗资源所蕴含的厚重文化底蕴也可以借由文创产品实现市场规模的满足。2014 年 8 月 20 日，在文化部举行的首次季度例行新闻发布会上，文化部非物质文化遗产司负责人阐述了近期非遗保护与传承的新思路新举措，鼓励非遗衍生品的开发，拓展与丰富非遗的主题及表现形式，同时针对当前非遗产品的创作生产中仍然存在着主题较为单调、表现形式单一、体裁和风格较为老旧、作品互相模仿等问题，建议把传统因素转化成丰富多彩的现代品牌，让更多的非遗元素进入当代人的日常生活，让非遗衍生品的开发成为扩大就业的重要渠道。此举可提高传承群体的收入，提高非遗生产行业的行业自尊，从而吸引大学毕业生等高素质人才进入非遗生产性保护领域。

将非遗与文创产品开发对接，需要将非遗所具有的传统劳动密集型产业特点，与文创产业所具有的知识密集型的发展趋势进行整合，寻找两者背后的共同价值取向。非遗与文创开发都强调艺术价值的符号作用，同时不论是非遗技艺，还是文创设计也都基于知识经济语境下的提炼开发，两者的资源互补性、文化共通性比较一致。同时，非遗产业长期依附于传统手工业文化市场，而文创产业则是建立在开发、艺术授权、分众传播等工业化文化产业形态之上。因此，两者的结合也应发挥各自的产业特点。通过文化创意产业的中转化效率，提升非遗产业与科技产业、金融产业的有效融合，为非遗产业架起升级转型的桥梁。

我国现有的非遗资源形式多样、种类繁杂、分布广泛，有许多物品已经与人们的日常生活紧密融合在一起。开发手工非遗资源要遵循传统工艺设计的样式，也要结合人气与热度高的产品进行开发，保留非遗核心文化价值，同时加入现代艺术设计理念和方法。首先，作为非遗资源中的信息传递符号，图案属于非遗资源直观视觉体验范畴，具备品牌化开发的先天优势。例如，国外奢侈品品牌爱马仕与中国台湾艺术家吴耿祯合作，以传统非遗剪纸手法剪裁彩色皮革，用几千片皮革堆叠拼贴而成的抓髻娃娃文创产品，借用非遗图案，赋予西方奢侈品牌独具东方韵味的艺术与消费审美体验。然后，造型元素作为非遗资源的重要表现形式，可以被提炼加工开发成为相关艺术衍生产品。例如，2016 年，G20 杭州峰会上的国宴餐具名为“西湖盛宴”，餐具由丝绸之路文化发展（上海）有限公司与玛戈隆特团队策划制作，设计灵感来源于西湖十景中的西湖荷花、莲蓬造型。冷菜拼盘的尊顶盖，顶盖设计源自西湖十景中的三潭印月，凸显中国传统文化底蕴。餐具全部采用含 45%天然骨粉的高级骨质瓷，每件精美的餐瓷都需要经过 81 道工序制成。让各国领导人通过餐具体验杭州非遗之美，感受中国传统文化的内敛与精致。最后，技法元素在非遗中的应用可谓俯拾皆是，如湘绣、蜀绣、苏绣、粤绣等传统刺绣的针法技艺，都已被纳入非遗生产性活态保护范围。除了四大名绣外，我国少数民族地区也存在如土家族的锁绣、苗族的挑绣、水族的马尾绣等独特的刺绣技法。例如，苗族的破丝绣盘龙纹衣袖片，采用破丝绣针法，同时以剪纸做底样，绣品相比其他刺绣独具立体美感。将其设计转化成非遗衍生商品，也可在同类刺绣产品云集的市场中，走出自己的风格特色。作为国家文化产业振兴的重要战略方向，博物馆文创衍生品的开发也是文创产业对接非遗资源的重要载体。2014 年 3 月，国务院出台了《关于推进文化创意和设计服务与相关产业融合发展的若干意见》(国发〔2014〕10 号)，标志着文化创意和设计服务与相关产业融合发展已经成为国家战略。2015 年 3 月，《博物馆条例》正式实施，明确指出，博物馆可以从事商业经营活动，挖掘藏品内涵，与文创、旅游产业相结合，为博物馆发展文创产品提供了法律和制度保障。2016 年 11 月，国家文物局、国家发展和改革委员会、科学技术部、工业和信息化部、财政部五部门联合印发《“互联网+中华文明”三年行动计划》(文物博函〔2016〕1944 号)，计划到 2019 年末，初步构建文物信息资源开放共享体系，基本形成授权经营、知识产权保护等规则规范；树立一批具有示范性、带动性和影响力的融合型文化产品和品牌[8]。随着国家层面对于文创开发与博物馆非遗资源协同发展的关注加深，国内的博物馆机构也在积极探索馆藏与借鉴非遗资源的衍生品开发模式。对此，故宫博物院院长提出文创产品的研发不仅要注重知识性，也要讲究实用性和趣味性，使文创产品接地气，共同打造“坚持用母语表达，中华文化识别度强”的博物馆文创产品。非遗元素的加入，无疑更好地凸显了中国特色的文化标签。如何做好博物馆文创产品与非遗的结合，应遵循以社会公众需求为导向，以科技为支撑，以学术研究成果为基础三大理念。非遗文创衍生品的开发应关注如何正确有效地传递非遗资源的核心价值信息，体现非遗特有的历史人文关怀，同时促进非遗消费体验。

再如对山西临汾平阳木版年画的现状分析，可以看到平阳人对木版年画的开发大致可以分为陈列展览、活动交流、教学传习与投资经营四种模式。以该地非遗代表性传承人赵国琦为例，其所创办的平阳木版年画博物馆，通过对绝版代表性年画的复制开发，让非遗资源借助文创产品走向世界。2008 年，赵国琦的团队制作了一套福娃套色木板年画，在奥运会中国故事展厅展出。此后，该团队又结合现代家居生活需求特点，开发了一批适合现代家居环境的装饰性产品，赋予了平阳木版年画原本没有的现代气息，使其适应家庭环境装饰、馈赠礼品、投资收藏等市场化需求，而教学传习作为平阳木版年画技艺传承的重要保障，发展至今，也已演变成为大学、中学、小学不同层次的“传统年画进校园”活动。中国书法和绘画不但是国粹，其本身也是非物质文化遗产。

非遗所蕴含的手工技艺，不仅是掩盖在灰烬之下的古老文化，同时也应在核心价值的传承与保护中，结合当代社会经济发展的特点，焕发新的光芒。在非遗文创衍生品的研发与开发中，既要坚守传统、不能忘本，也要更新与改良制作技术、提升品质。

7.4.3 中国非遗文创衍生品开发创新趋势探索

非遗资源的非物质属性决定了其在当下以信息技术为主导的第四次工业革命

中应以用户的实际体验为创新立足点，探索体验经济发展趋势下，信息交互技术、虚拟现实技术等前沿科技成果融入非遗数字化开发的项目可行性与市场认可度。现实中非遗与文创产业的融合，需要与非遗所在地的文化资源现状、经济发展水平、社会资源整合等能力相匹配。因地而异、因人而异，不能照搬或复制其他地区非遗文创开发的具体模式，而是要根据本地区的自然、人文差异性，探索形成具有地方特色的非遗文创产业。同时，非遗资源文创开发的主体是大量小微文化企业，因此在与出版企业影视公司、旅游公司等结合时，也应探索适合企业自身资源优势的产业化赢利模式。在众多非遗项目中，民间美术类项目（如年画、雕刻、刺绣、竹编等），传统手工技艺项目（如织造、烧制、冶炼、烹制、酿造、染制等），以及传统医药类项目（如针灸、正骨、中药制剂等），可以将非遗符号价值转移、嫁接，借助非遗生产性保护的政策引导，拓展相关非遗类别的活态表现形式。

我国的大量非遗资源存在于偏远的少数民族地区，如贵州的蜡染、刺绣、银饰、箫笛、古法造纸、陶器等非遗手工艺品，原本只在当地生活范围内流通，使用范围狭小、社会认可度较低。而如果把这些非遗工艺引入博物馆文创产品的开发环节，通过对非遗元素的采集、整合，则可以开发出相关的文具、箱包、服装、餐具等家居衍生用品，提升相关非遗资源的文化品牌传播。

非遗文创衍生品的开发还可以结合时下年轻群体关注的流行元素，将艺术性与娱乐性相结合，在吸引年轻消费群体关注传统文化的同时，实现非遗文化的传承与转化。2008 年，北京故宫成立了文化创意中心。2013 年 8 月，故宫首次面向公众征集文化产品创意，并举办以“把故宫文化带回家”的主题文创设计比赛。此后，“奉旨旅行行李牌”“朕就是这样的汉子”折扇等各种趣味性文创产品陆续推出，也让故宫文创成为年轻人接触传统文化的全新渠道。2016 年，故宫又同阿里巴巴合作搭建了文创产品销售平台，并与腾讯合作将故宫元素加入 QQ 表情，尝试推出故宫定制版游戏，通过社交软件传播故宫原创 IP。

随着非遗生产性保护与产业化发展的推进，国内很多高校、研究机构也成立了非遗文化保护与传承的智库机构。这些智库机构了解非遗资源的核心价值，而大量文创企业则掌握非遗文创开发的技术、人员等生产要素资源。未来也应结合两者之间的优势，以地方政府或非遗行业协会作为推动，委托当地知名非遗研究智库机构，对区域性文创企业进行非遗文创培训，与结业且有意向、有能力从事非遗文创开发的企业签订共同开发协议，获得结业的企业拥有创意设计和开发权，推动非遗文创衍生品深度开发，从而形成非遗保护与开发的良性纽带。

7.4.4 中国非遗与文化旅游产业融合实践探索

7.4.4.1 中国非遗与文化旅游产业融合的实践现状分析

在国务院公布的四批《国家级非物质文化遗产代表性项目名录》中，少数民族地区的非遗项目占比超过了40%，非遗代表性传承人接近30%，少数民族地区在全国文化生态保护实验区占比也近50%。2018年5月16日，文化和旅游部确定并公布了第五批国家级非物质文化遗产代表性项目代表性传承人名单，共1082人，其中属于少数民族的339人，占比31%[2]。少数民族地区在非遗资源中的区位优势，源于所在地区人民独特的民族文化与生活方式，由此逐渐演变形成的非遗资源，在旅游方面也具有先天的文化特殊性优势。目前，民族地区非遗在传统舞蹈、传统音乐、传统戏剧、传统美术等十大类型中均有分布，适合文化旅游呈现的形式有舞台演艺、DIY操作、艺术品装饰、互动体验等。基于文化旅游对地方经济的带动效应，民族地区通过挖掘地方独特的非遗旅游资源，一定程度上也实现了非遗的活态传承。然而现实中，非遗文化旅游的开发很多偏重于短期的投资回报，因此会选择一些经济价值高的热门非遗项目进行过度包装炒作。同时地方政府为了迎合市场，文化旅游开发商不顾非遗文化价值及文化意蕴的基础上肆意开发，由此造成了一些不堪的严重后果，使非遗资源出现濒危化、低俗化等不良效果。

举例来看，福建自贸区和台湾的非遗资源丰富，当地政府尝试通过两地互动互惠的战略方针挖掘非遗旅游资源，力求独创并且精心打造闽台特色的非遗旅游品牌。然而，在福建自贸区非遗文化旅游的实际开发中也存在一些问题。首先，自贸区的旅游开放政策在闽台非遗旅游方面效果不佳。自贸区为了推广强化闽台旅游的合作开发，出台了相应的鼓励政策。但从实施效果来看，绝大多数受到政策吸引而来的开发者，主要关注的是以“清新福建”为主题的生态旅游，而不是非遗旅游。民间团体各自为政，缺乏联系机制。同时，由于闽台的旅游行业从业标准差异较大，也给两地非遗旅游合作开发造成障碍。福建自贸区非遗文化旅游推广过程中遇到的突出问题，一定程度上也是其他地区非遗与文化旅游融合发展亟待探索解决的难点。少数民族地区非遗资源丰富，因此应根据非遗项目类别采取不同的文化旅游开发方式。如民间文学、传统医药等静态非遗资源，可以借助景区文化场馆进行展览观光游开发，而对于传统舞蹈、戏剧等动态资源，更加适合舞台表演、互动体验等旅游项目开发。此外，非遗资源可将动态资源与静态资源搭配，在静态资源展示的基础上呈现，增添动态非遗项目，如传统民间历史文化资源，借助舞台表演形式吸引游客关注。一些动态项目的演出，也可植入静态非遗内容的介绍，提升非遗体验的知识属性，寓教于乐。此外，现有的文化旅游产品多以整体性浅层开发为主，文化品位的提升并不明显。因此可以对非遗资源进行分类拆分，以历史发展脉络为依据，提取主要元素植入非遗文化旅游景区的相关板块，借助虚拟现实（VR）、增强现实（AR）等技术，提升非遗文化旅游的体验深度。将非遗文创衍生品嵌入原有景区酒店、商铺等公共区域的公共用品规划，使非遗文化价值覆盖旅游景区各网点。

非遗产业化发展也可以与乡村文化旅游进行融合，改善农民生活环境，提高农民素质，促进农村经济发展和农民增收。以湖南省湘西自治州非遗文化旅游为例，湘西自治州各地区通过举办非遗传统节庆活动，推动乡村旅游发展。如古丈县龙鼻村苗族赶秋节，将苗歌、苗族秋千等非遗动态展示与苗族银饰静态展示相结合；吉首市德夯村在景区展示苗鼓文化、服饰文化、饮食文化等；龙山县捞车河村举办土家年系列活动，展示土家织锦、摆手舞、土族山歌等。同时利用景区产销一体化优势，推动非遗产业化发展。

7.4.4.2 中国非遗与文化旅游产业融合的创新趋势探索

2015 年 9 月，我国对浙江特色小镇建设作出重要批示，认为特色小镇的建设是供给侧改革的重大创新，新型城镇化的创新发展模式，大众创业、万众创新的有效尝试……各地应因地制宜借鉴。2015 年 10 月，中共中央《关于制定国民经济和社会发展第十三个五年规划的建议》中，再次提出“发展特色县域经济，加快培育中小城市和特色小镇，促进农产品精深加工和农村服务业发展，拓展农民增收渠道，完善农民收入增长支持政策体系，增强农村发展内生动力”。2016 年 2 月，国务院发布《关于深入推进新型城镇化建设的若干意见》(国发〔2016〕8 号)，提出发展具有特色优势的休闲旅游、商贸物流、信息产业、先进制造、民俗文化传承、科技数字等，带动农业现代化和农民就近城镇化。2018 年 3 月 3 日，国家旅游局与文化部合并，组建文化和旅游部，从而更好地彰显文化自信，统筹文化事业、文化产业发展和旅游资源开发，提高国家文化软实力和中华文化影响力，推动文化事业、文化产业和旅游业融合发展[8]。

对此，在国家大环境的驱动下，新时代我国旅游业的发展应当积极应对新时代的变化需求，从规模和速度旅游向高品质游、美好幸福游转变，从小众旅游向大众旅游转变，从地区知名景点旅游向全域旅游转变，从表层次旅游向深度旅游转变，把旅游事业转向旅游产业，从被动跟从国际规则向积极主动旅游外交转变，从旅游大国向旅游强国转变等几个特征。随着我国旅游业的发展，我们的传统文化，包括古镇的建设、非物质文化遗产的挖掘、中华文化遗产的挖掘等，都是对传统文化的恢复，借助于旅游这个通道，更加丰富了文化发展的空间。例如，热贡艺术是以唐卡、壁画、雕塑、雕刻、堆绣、建筑装饰图案彩画等多种形式为主的藏传佛教艺术重要流派，2006 年被列入中国首批国家级非物质文化遗产名录。2008 年 8 月，文化部批准在青海省黄南藏族自治州设立热贡文化生态保护实验区，成为我国藏区唯一的国家级文化实验区。该区致力于以活的形态开展生产性保护，以非物质文化遗产作为重要的旅游资源，使热贡艺术成为远销英国、美国、日本、新加坡等国家的国际知名文化品牌。

泛旅游产业包括文化、养老、会展、运动等关联产业类别。其中，旅游是产业基础，其余类别是产业关联。在国家新型城镇化建设的大方向下，特色小镇的概念也是同文化产业、非遗产业战略规划重合度较高的政策指引。随着国家旅游局与文化部的合并，原本各自为政的文化产业与旅游产业，未来也将在同一部门的规划下，实现集吃、住、行、娱、购、游为一体，以非遗资源生产性保护为抓手的文旅产业化模式升级。通过旅游产业整合文化产业的产品生产、加工与物流业转型，也将同时带动房地产、医疗、教育等行业的协同发展。

作为非遗资源分布广泛的重要文化省份，云南省各地区也因地制宜，形成了适合本地区特色的非遗文化旅游模式。其中，以云南省迪庆藏族自治州为案例，当地政府依托现有非遗资源，以打造世界香格里拉文化中心为目标，将少数民族服饰与创意时尚产业相结合，开展民族非遗与创意设计产业交易博览会，以展销博览会的输出方式通过文化交流、项目合作等形式将非遗产业文化市场打入国际市场。“依鲁古法木榨菜籽油”非遗技艺的传承地——云南省罗平县自 1999 年以来，成功举办了 20 多届“中国 · 云南 · 罗平国际油菜花文化旅游节”。当地的油脂种植专业合作社挖掘整理非遗传统文化元素，通过罗平菜籽油博物馆进行展示，让来自全国各地的游客更直观地了解非遗、体验非遗。而位于中国西南边陲的云南省德宏州陇川县双坡山，以景颇族“天宫目瑙”文化、生态农业休闲养生、运动健康为主题，形成集农业旅游、休闲养生与健康运动为一体的“天宫目瑙”文化旅游小镇。此外，国家级非物质文化遗产蒙自过桥米线的发源地——阔州蒙自市每年 9 月底至 10 月初都会举办以蒙自过桥米线为主题的文化旅游活动。作为云南过桥米线的发源地，蒙自地区还打造了一个过桥米线文化小镇，利用过桥米线品牌发展文化美食旅游。

一些“走出去”的非遗表演类项目，也会根据国外消费者的审美习惯，包装形成既有民族特色，又与国际接轨的文化品牌。例如，杨丽萍的大型原生态歌舞集《云南映象》自 2004 年首演之后，为符合国外观众的欣赏品味，量身打造了国际版的《香格里拉传奇》，在管理运营模式中采取“共同投入、收益分账”的形式，将舞台剧的发行和演出方式与国内外演出运营商合作。借此模式成功地将舞台演绎推入国际市场，成为我国少数民族民间非遗文化登上世界舞台的典范之一。该剧再现了云南多个少数民族的音乐、舞蹈、民俗和手工技艺等大量非遗文化资源，同时避免了文化语言差异可能带来的障碍与误读。

此外，各地通过开展以非遗为主题的文化体验游，也成为非遗文化旅游融合的重要创新途径。2015年，国家住房城乡建设部、国家文物局对外公布了第一批中国历史文化街区。与各地历史文化名镇名村相比，历史文化街区不仅建筑集中、非遗资源丰富，而且大多位于主要城市的中心位置，更有利于依托所在地域特点，在对历史文化街区合理规划的基础上，进行体验式非遗文化旅游开发。随着假日经济的发展，国内城市旅游市场结构也将从长线游转变为中短线游，历史文化街区的品牌效应和与周边地区之间路程短、耗时少的交通优势，也使非遗资源与街区历史文化形成了互补性融合。

8 总结及展望

我国是一个多民族且大区域文化表征特点的国家，悠久的历史文化承载和积淀了复杂而深厚的文化内涵。在新时代背景下非物质文化遗产赖以生存的社会文化土壤也发生了巨大的改变，如何应对新时代文化的冲击，保护我国优秀传统文化显得尤为重要。高校教育是我国民族文化保护和传承的重要桥梁。其重要性及作用不言而喻，将非遗文化资源引入高校教育，并且在高校的教学中探索研究非遗文化是新时代保护传承民族文化的重要举措。本书分五个层面分别对非遗专业、非遗研培、高校参与、非遗教育、非遗发展等进行了探索研究及总结。多层的论述及研究其目的及意义在于保护甘肃省非遗项目，而保护甘肃省非遗也是一个庞大的社会系统性的工程。既要加强政策保护和扶持，又要构建可持续发展运行机制及法律法规系统，更要通过非遗与高校、社会、企业等合作激发其造血功能促进生产性保护。在时间和空间中建立非遗生态文化保护区，提升新一代高校学生及青年人的文化觉悟，在多维度的机制中为非遗的发展作出贡献。通过对甘肃省非遗参与高等教育模式的研究来激活高等教育的改革目标及举措，通过以下几个方面最大限度的发挥非遗影响及价值。

（1）各级政府部门应发挥其主导作用，因地制宜整合散落民间的传统非遗项目。在文化产业建设上的资金、政策等方面给予企业、传承人足够的扶持，并及时优化非遗申报、审批、保护等流程，引导企业对合适的项目先行一步进行产业化转型，使传统美术非遗传承的持有者和企业两者相得益彰，进而产生持久的经济效益。

（2）甘肃省非遗具有一定的专业性，在此过程中建议政府加强与非遗传承人的对话，同时采用“非遗文化学者”共同参与传统美术的传承与发展，避免出现外行主导内行的不当行为。在促进企业投资、非遗经济发展的同时，保护好非遗的本真性，促进其活态传承。

（3）学界、民间团体在传统非遗的研究上，除了注重传统美术的保护，也应注重其“活态”可持续发展，积极挖掘传统非遗的经济价值，展开传统非遗相关设计产品的开发工作，让传统美术的商品形态能符合当今经济环境的需求。

（4）传承人、广大民众是传统非遗传承与发展的一线推动者，同时也是传统美术的直接受益者，需要用开放、思辨的姿态看待传统美术经济发展与文化传承之间的关系。

经过政府、学界、企业和广大社会民众的共同努力，根据不同民族、不同类型传统非遗的特点在实践中不断调整经济转型方向，恰当控制转变力度。非遗融入高等教育的模式研究为今后高校的改革，高校与社会、市场、人才、机制等诸多问题的探索和实践提供研究的方向。最终多方联动实现传统非遗的“活态”传承。展望未来，让地方高等教育的机制受益于地方，同时也反馈于地方，使其实现内循环与外循环的有效互动。

参考文献

[1] 雒庆娇．甘肃省少数民族非物质文化遗产保护研究［M］．北京：商务印书馆，2015：66-70.

[2] 肖远平，柴丽．中国少数民族非物质文化遗产发展报告［M］．北京：社会科学文献出版社，2015：24-25.

[3] 包孝祖，季绪才．中国洮砚［M］．兰州：甘肃文化出版社，2014：97-98.

[4] 牛乐．素壁清晖临夏砖雕艺术研究［M］．天津：天津教育出版社，2011：30-35.

[5] 乔晓光．中国经验：多元化的非遗传承实践［M］．南昌：江西美术出版社，2018：29-31.

[6] 满珂．非物质文化遗产变迁·传承·发展［M］．北京：科学出版社，2019：92-97.

[7] 乌丙安．非物质文化遗产保护理论与方法［M］．北京：文化艺术出版社，2016：46-47.

[8] 西沐．中国非遗及其产业发展年度研究报告［M］．北京：中国经济出版社，2019：78-88.

[9] 王文章．非物质文化遗产概论［M］．北京：文化艺术出版社，2006：200-345

[10] 陶立璠，樱井龙彦．非物质文化遗产学论集［M］．北京：学苑出版社，2006：58-79.

[11] 戴伟，李良品，丁世忠．乌江流域非物质文化遗产研究［M］．重庆：重庆出版社，2008：27-31.

[12] 祁庆福，史晖．少数民族非物质文化遗产研究［M］．北京：中央民族大学出版社，2015：42-43.

[13] 王文章．非物质文化遗产保护研究［M］//甘肃省省级非物质文化遗产项目文图录（上、下），2009：27-35.

[14] 汪广松．非物质文化遗产的创意价值［M］．北京：中国社会科学出版社，2015：24-29.

[15] 王瑞华，王雪，郑艳．西北少数民族非物质文化遗产概览［M］．北京：中国社会科学出版社，2015：56-66.

[16] 甘南州志编纂委员会．甘南州志［M］．北京：民族出版社，1999：78-79.

[17] 杨军．少数民族非物质文化遗产保护探究［J］．中南民族大学学报（人文社会科学版），2016（1）：58-60.

[18] 普丽春．云南少数民族非物质文化遗产传承模式构想［J］．云南民族大学学报（哲学社会科学版），2010：10-12.

[19] 张爱琴．我国少数民族非物质文化遗产学校教育传承的政策分析［J］．民族教育研究，2010：8-9.

[20] 龙运荣．近十年来我国少数民族非物质文化遗产研究述评［J］．贵州师范大学学报（社会科学版），2012：21-22.

[21] 何秋．民族自治地方少数民族非物质文化遗产的法律保护——以广西壮族自治区非遗保护为例［J］．文化遗产，2014：14-15.

[22] 覃志鹏．论少数民族非物质文化遗产保护［J］．前沿，2008：23-24.

[23] 韩小兵．少数民族非物质文化遗产概念界定及其法律意义［J］．北京政法职业学院学报，2010：19-21.

[24] 叶芳芳，朱远来．少数民族非物质文化遗产整体性保护的困境与出路［J］．广西民族研究，2013：17-20.
[25] 柏贵喜，杨征．坚持和完善少数民族非物质文化遗产保护政策研究——基于湘西土家族苗族自治州和内蒙古自治区的调查［J］．中南民族大学学报（人文社会科学版），2012：23-25.
[26] 刘小燕．少数民族非物质文化遗产传承的旅游开发研究［J］．贵州民族研究，2014：10-12.
[27] 韩小兵，喜饶尼玛．中国少数民族非物质文化遗产保护的法制特色［J］．黑龙江民族丛刊，2013：25-26.
[28] 孙明跃．表演艺术类国家级文化遗产保护研究——以云南省为例［J］．民族艺术研究，2011：20-21.
[29] 李克亮．文化部“十三五”规划：推动文化产业成为国民经济的支柱产业［J］．文化月刊，2017：30-31.
[30] 郝永平，黄相怀．把创新摆在国家发展全局的核心位置［N］．新重庆，2016-10-05.
[31] 刘晓春，冷建波．非遗的生产性保护的实践与思考［J］．广西民族大学学报，2016：11-13.
[32] 常洁琨．甘肃少数民族非物质文化遗产的保分类研究［D］．兰州：兰州大学，2017：27-28.
[33] 赵鹏霞．甘肃省非物质文化遗产分布特征与保护研究［D］．兰州：西北师范大学，2020：8-10.
[34] 李晨枫．民间美术活态教学传承方式研究——以广西南丹白裤瑶民间美术为例［D］．桂林：广西师范大学，2012：12-14.

作者简介

徐恒，1983 年 4 月生，甘肃兰州人，西北民族大学讲师。2002 年毕业于西安美术学院油画系并获学士学位，2009 年毕业于俄罗斯国立师范大学美术学院油画系并获硕士学位。2009 年至今任教于西北民族大学美术学院。

现为甘肃省美术家协会会员、甘肃省油画学会会员、甘肃省画院青年画院会员、甘肃省新媒体艺术学会会员。

一直致力于油画创作、美术理论研究工作，并长期从事少数民族艺术和非物质文化遗产研究工作。发表学术论文 20 余篇，主持省部级项目 1 项、地厅级项目 3 项、校级科研项目 3 项。艺术作品获省级二等奖 3 次、三等奖 3 次，艺术创作多次被省级展览馆收藏。2022 年选送入甘肃省 2022 年重点人才培训项目青年美术创作人才培养高研班进修。